感動の声続々!学校では絶対教えてくれない、

のべ1000人以上の若者たちの心に火をつけた志の授業

# 「元幹部自衛官の熱血講演家が明かす、〝ぶれない人生軸〟がつくれる『カコ[illegible]析』」



星 陽介

# 【はじめに】「危機だからこそ、自分を最大限に輝かせるチャンス！」

星 陽介

皆さんこんにちは！

夜空の「星」に、太陽の「陽」に、介護の「介」で、星 陽介と申します。この度は、本書をお手に取って下さり、誠にありがとうございます！

本書は、**「たった一度しかない人生を後悔なく過ごし、自分を最大限に輝かせたい！」**という想いのある、10～30代の方を対象につくりました。

なぜなら僕には、

「本当にやりたいことを『志事』にして、ワクワク・楽しく・本氣に活きる、『夢中人』で溢れる、誇り高く・強く・美しく楽しい日本をつくりたい！」という、「志」があるからです。

※1（志事＝自分の幸せや生活のためだけに、「仕える事」をするのではなく、自分がワクワク・楽しく・本氣に活きながら、社会や人を幸せにするために「志」した「事」）

※2（活きる＝活力を持って、イキイキ生きるという意味を込めて使っている言葉）

※3（誇り高く・強く・美しく楽しい日本とは、一人一人が、本当にやりたいことを志事にすれば、自信と誇りがもてるようになり、素晴らしい成果を、各分野で生みだせるようになる。そして、日本の経済力や防衛力（抑止力）も高くなり、安全・安心が確保される。その先に、人情味が溢れ、自然が豊かな、物心両面において美しく・本当に楽しい日本になると、星が描いた、理想の日本像）

そして、25歳の時の僕もそうでしたが、できることなら、**「本当にやりたいことして、ワクワク・楽しく・本氣に活きたい！」**という想いが強い方は、学校選択・就職活動・転職活動・起業選択などに悩まれることが多い、「10代後半〜30代前半の方が多いのかなぁ〜」と考えたからです。

そんな皆さんは、**「それが良いのはわかっているけど、見つからないから、困っているんだよ！」**と思われているかもしれません。

実は、以前の僕も同じ状態どころか、「もっと」ひどい状態でした。

◆2160日間（約6年間）落ちこぼれ続けた、「劣等感こびりつき男」

◆約6年間、ゴミ屋敷一歩手前・コンビニ外出になるほど、「やりたいことが見つからずに、悩み続けた男」

◆500万円以上騙され、「自分を信じ切られなくなった男」

「盛りすぎだろ‼」って思うかもしれませんが、**全て事実**です。そんな僕でも、今は、本当にやりたいことを「志事」にして、ワクワク・楽しく・本氣に活きる「夢中人」になっています。

そして、しくじり続け、同志や家族に支えて頂きながらも、「幸せだな〜」と思える瞬間がたくさんある「後悔のない、素敵な人生」を歩めているのです。

今の僕が夢中になっている、4つの活動をご紹介します！

①夢中人をつくる講演家（キャリア教育の講演活動、執筆・SNSでの情報発信）
②夢志教師塾塾長（教育者が夢や志を持って、実現に向かって、学び・行動する場の運営）
③草莽の本氣塾塾長（ビジネスマンが夢や志を持って、実現に向かって、学び・行動する場の運営）
④「日本の仕組みづくり」に携わる政治活動（参政党党員としての、街頭演説・政策提言活動など）

これらの活動は、正に、**「理想の人づくり」**＋**「理想の仕組みづくり」**＝**「理想の国づくり」**であり、自分も、人も、世の中も、みんな幸せになる、**心の底から素敵だと思える活動**であり、**活き方**です。

そんな素敵な夢や志、アクションをみつけられたのも、次記のような、悩み苦しみながらも、心のどこかで、自分の無限の可能性を信じて、諦めずに幸動（(幸動とは、どんな行動も、自分や人の幸せに繋がっているという想いを込めて使っている言葉）し続けた日々があったからです。

◆幹部自衛官として、部下を指揮してきた日々
◆やりたいことが分からなすぎて、悩み・苦しんだ２１６０日（約6年）
◆５００万円以上騙されながら、多くの就活生や社会人と自己分析・講演する日々

そして、僕の人生の宝である「同志」と一緒につくり、確立してきた、「ぶれない人生軸」をつくる自己分析手法の「カコミラ分析」により、僕の「夢中人生」がはじまりました！

本書では、この**「カコミラ分析」**について、僕の幹部自衛官時代の経験や、営業職・アルバイト・起業・政治活動への挑戦を交えて、簡単に！楽しく！お話させて頂きます。

今、僕らが暮らす日本は、４つの危機にさらされています。

①「自己肯定感や主体性が低く、政治や社会に無関心な国民」が多い。
②政治や社会に無関心な国民から選ばれた、利権に縛られ、「国益ではなく、自分のために活動されている政治家による、政治」

③前記の政治による、「30年間給料が増えない、日本経済」・「自分の国を、自分で守れない防衛力」・「少子高齢化」等で、明るい未来を描けない日本
④あらゆることを、他国へ依存しすぎて、自立できない「情けない日本」になり、自分や家族の豊かで安全安心な暮らしが脅かされ、子供たちに、より良い未来を繋げなくなる。

高杉　晋作

西郷　隆盛

坂本　龍馬

伊藤　博文

しかし、危機と「同時」に、僕も含めた、お金や影響力を持っていない、俗にいう、「名もなきふつうの方々」が、ワクワク・楽しく・本氣に活きる人生をつくり出す、最大の「チャンス」でもあります！実は「同じこと」が、約１７０年前の「幕末」という時代に起きていました。

１８５０年代、日本の隣国の清（現在の中国）が、アヘン戦争により、西洋列強国にボロボロにされて、「次は日本か⁈」と海外からの脅威が増していました。しかし、当時の日本国内は、平和ボケして、利権でがんじがらめになっている幕府や朝廷が機能しておらず、日本が侵略される「危機」でもありました。

正に、世界で紛争が起きている中、周辺国から、ミサイル攻撃などで脅しをかけられ、国外からの脅威があるにも関わらず、国内政治が停滞し、経済も疲弊して、手を打てていない「現在の日本」とそっくりです。

そんな中、危機感のない人たちに代わり、「俺たちが日本を変える！」と、坂本龍馬や西郷隆盛などの「幕末の志士」と言われる10代～30代の若者を中心に、一人一人がまるで、主人公のヒーローのように、ワクワク・楽しく・本氣に活きて、日本を変えたので

す！

しかもその人たちは、もとは農民や百姓など、**「名もなき、ふつうの人たち」**です。伊藤博文は農民、坂本龍馬や高杉晋作は、今でいうフリーランス（個人事業主）・ニートでした。

今の日本は正に「幕末の危機」と同じです。でも、そういう危機だからこそ、幕末の時のように、政治家・官僚・経営者の方々だけでなく、**名もなき僕ら**が、それぞれの「強み」を最大限に発揮して、あらゆる分野で、素晴らしいものを生み出し、社会に貢献することが求められる**（主役になれる）**、素敵な時代になりました！

**人は、誰かから求められ、時代から求められ、自分自身で意義を見出し、自分の役割を明確に自覚した時、そして、その役割を果たしているときに最大限に輝きます。**会社員の方なら、多くの人の幸せをつくり、日々の生活や命を繋ぐ、あらゆるサービスを提供することを通じて、工事現場で働かれている方なら、人やモノの移動を支え、経済を発展させ、「生涯残り続ける道路」などをつくることを通じて、専業主婦の方なら、お子さまや旦那さまが安心して、社会で担う素敵な役割を全うできる家庭を支え、つくることを通じて…等。今こそ、それぞれの立場で、それぞれが持つ素晴らしい強みを最大限に発揮して、輝くことが求められている（主役になれる！）のです。

「そんな大したことしてないし、できないよ」と思われるかもしれません。

しかし、「微力だけど、無力ではない」という言葉もありますし、何より、**そう「捉えた」ほうが楽しい**じゃないですか。現に僕らのご先祖様は、幕末に外国から侵略されそうになっても、大東亜戦争（俗にいう太平洋戦争）後に焼け野原にされても、それぞれの「強み」を最大限に発揮して、一致団結し、近代国家日本・経済大国第2位の日本をつくって下さいました。

**戦後の焼け野原から、豊かで安全な日本を繋いでくださった。**

そして、そのおかげで、僕らは、安全安心に豊かに幸せに暮らせています。明らかに昔より、**今の僕らの方が**、便利で、安全で、歴史から学べており、**できないことなんてありません。**

しかもロボットやＡＩ、オンライン技術の向上などが、僕らにたくさんの「つながり」や「チャンス」を生み出し、背中を押してくれています。

これからの「チャンスに溢れた新しい時代」を、あなたが「夢中人」になって、ワクワク・楽しく・本氣で活きていくために必要な、「ぶれない人生軸」と「志事」を、本書のカコミラ分析で一緒にみつけていきましょう！

皆さまが、前記のチャンスを最大限に活かし、本当にやりたいことを志事にして、ワクワク・楽しく・本氣に活きる「夢中人」になり、素敵な人生を過ごされることと、そんな「夢中人」で溢れる、「誇り高く・強く・美しく楽しい日本」をつくることの、助になることを祈願し、まえがきとさせて頂きます。

## もくじ

# 【序章】夢中人になる「ぶれない人生軸」をつくる！
## カコミラ分析とは？

※番号は取り組む順番

「ぶれない人生軸づくり」ワークシート

①理想

| | どんな人であふれている、素敵な社会にしたいですか？ |
|---|---|
| 世界 | あたりまえにある日常やチャンスをつくって活かし、やりたいことをして、活き活きしている人であふれる世界 |
| 日本 | やりたいことして活き活きしている人であふれる日本 |

③理想の自分・実現アクション

| 理想の自分（夢） | 自分らしさを発揮して、活き活きしている自分になって |
|---|---|
| 実現したい社会ビジョン、実現アクション（志） | 当たり前にある日常や挑戦する環境をつくることを通じて、自分らしさを発揮して活き活きしている人であふれる世の中をつくる |

喫緊の実現アクション（理想の自分や社会をつくるために、５年後・１年後・１カ月後どうしたい？）

| 【５年後】 | 【１年後】 | 【１か月後】 |
|---|---|---|
| 志事を自分のものにして、新たな社会貢献に挑戦していきたい | 自分のできることを深堀したい→視野を広げたい<br>自分の選択した志事に自信を持っていたい | 広い業界・業種、社会問題を知っていきたい |

②現状

| | 今どうなっているんだろう？ | 改善した方が良いこと |
|---|---|---|
| 世界 | 差別などど存在し続けている | 1人1人が思い込みや偏見を見直す |
| 日本 | 富裕層が教育が良く成績が上 | 学びたいと思った時に学べる環境に |

一緒に、カコミラ分析を実践し、**「ぶれない人生軸」**をつくりましょう。そして、ワクワク・楽しく・本氣に活きていく**「夢中人」**になりましょう！とはいっても、そのカコミラ分析ですが、そもそも「なんぞや？」って話ですよね。

カコミラ分析とは、**「理想の自分・人生」（夢：自分のカコから見つける）**と、**「実現したい社会ビジョン・アクション」（志：こんな人であふれる、素敵な社会をつくりたい！という、ミライから見つける）を繋げる**ことで、「ワクワクする人生のゴール」を１００％明確にして、そのゴールに向かって幸動するための**「ぶれない人生軸」**をつくる、「自己分析手法」です。上の図をご覧ください。

ある就活生の方の「カコミラ分析」の実践例です。

一番上に、**【①理想】**と書いてあり、その枠の中に、実践者が考える、実現したい社会ビジョンの「理想の世界」と「理想の日本」が記入されています。

また、一番下に、**【②現状】**と書いてあり、その枠の中に、実践者が考える「現状の日本」や「現状の世界」と、現状の日本や世界の「改善した方が良いこと」が記入されています。

そして、真ん中に**【③理想の自分・実現アクション】**と書いてあり、その枠の中に、実践者が考える、「夢：理想の自分」と「志：実現したい社会ビジョン・実現アクション」、「喫緊の実現アクション」が記入されています。

この就活生の方の実践から、カコミラ分析の流れを解説します。

この就活生の方には、①「やりたいことをしてイキイキしている人で溢れる世界・日本」をつくりたいという、「実現したい社会ビジョン」があります。しかし、②現状は、世界では差別が存在しつつ、日本では教育格差があると考えています。その課題を解決するためには、偏見や思い込みをなくすとともに、学びたいと思ったときに、学べる環境が必要だと考えています。その現状を解決して、理想を実現させるために、③「自分らしさを発揮してイキイキしている自分」になります。そして、「当たり前にある日常や挑戦する環境をつくる」ことを通じて、「自分らしさを発揮してイキイキしている人で溢れている世の中」をつくります。

そして、１ヶ月後までに、社会問題を勉強し、１年後には、自分のできることを深堀し、５年後までに、新たな社会貢献を実践します。

以上が、カコミラ分析の流れになります。ちなみに、この方は、「自分らしさを発揮するためには、そもそも、当たり前にある日常をつくる必要がある」という想いが、とても強い方でした。よって、自分の強みも踏まえて、ＩＴインフラの会社に就職しました。

この**カコミラ分析の最大の魅力は、「理想の自分」と「実現アクション」を通じて、日本や世界の課題を解決して、理想の日本や世界をつくることに繋がっていると実感できる**ところにあります。そして、どんなに小さなアクションでも、**それだけの壮大なことに繋がっていると実感できる**からこそ、**たった一度しかない人生を懸けられるほどの「ぶれない人生軸」**になるのです。

なかには、「そんな、壮大なことしなくても、十分に幸せだからいいよ」という方もいらっしゃると思います。

しかし、壮大なことに繋がっていると実感しても、困ることはありません。
また、自分の日々の幸動が、ほんの小さなことかもしれませんが、だれかの幸せや日本や世界を良くする「凄いこと」に繋がっていると思えたら、幸せな氣持ちになれるのではないでしょうか。

例えば、旦那さんを支え、お子さんを4人育てている、お母さんがいらっしゃるとします。

日々、「育児と家事に追われて、とても日本や世界のことなんて考えられないよ」というお考えをお持ちの方もいらっしゃると思います。（日々お仕事に追われていると、実感している方も同じかもしれません）

しかし、世界や日本のことを学び、自分の日々の子育てや家事が、より良い日本や世界づくりに「繋がっている」と実感できれば、日々の子育てや家事への向き合い方が、変わるのではないでしょうか？

お母さんが、家のお掃除や洗濯をしっかり行いながら、美味しい食事をつくり、家庭を支えることは、旦那さんやお子さんに、「日々を生きる活力」を与えています。

その活力があるからこそ、旦那さんは、会社に勤め、お客様にサービスを提供し、多くの人に幸せを与えているとともに、今の安全・安心で豊かな日本をつくっているのです。また、お子さんは、健全に育ち、どんな道を歩むにせよ、未来の日本人を幸せにしながら、未来の日本をつくる「宝」です。つまり、お母さんは、家事を通じて、多くの人々を幸せにしながら、今の日本をつくるとともに、未来の日本人の幸せや未来の日本をつくっているのです。とてもすごいことだと思いませんか?!

これは、だれが何と言おうと、**紛れもない事実**です。しかし、学校教育やメディアなどの影響で、**「捉え方」**や**「繋がり」を見出せてなかっただけ**です。家事だけでなく、お志事、活動、趣味など、あらゆる日々の幸動を、先ほどのように捉えて、繋げることができたら、日々の人生を、もっと楽しくできる！と思いませんか？

そして中には、自己肯定感が低く、「そこまで繋げることに、しっくりこない」という方もいらっしゃると思います。

ちなみに、僕もそのタイプでした。しかし、人生は「たった1回」しかありません。皆さんは、とてつもなく低い確率で、人間として生まれました。そして、何もかも恵まれている日本人としても生まれた時から、「無限の可能性」に溢れています（詳しくは1章でお話します）。だからこそ、もっと、「生まれ持った、自分の強みを最大限に発揮したい！」もっと、「多くの人から尊敬・愛されたい！」そして、「ワクワク・楽しく・活き活きする日々を、過ごせるなら、過ごしたい！」と、心の奥底で願っていませんか？

そしてこういった、「もっと大きな願い」があるにもかかわらず、「どうせできない」「自分はこんなものだ」と無意識に思っていませんか？　そして、氣がつかないうちに、自分で自分に蓋をしているのではないでしょうか。だれもが、子どもの時や、学生のときに、限りない「大きな理想」を一度は描いています。しかし、社会に出て、様々な苦労や困難があり、「現実」を突き付けられてしまい、無意識に自分に蓋をしてしまう。

しかし、心の奥底で、**「自分の無限の可能性を、信じていて、諦めたくない！」**という想いがあるのではないでしょうか。だからこそ、「もやもやする」、「しっくりこない」と、不安や無氣力感から、脱することができないのではないでしょうか？ そもそも、「本当にそれでいい」と諦めていたとしたら、「悩まない」ですからね。

さらに、「別に、日本や世界のことなんて考えなくても、なりたい自分や理想の人生を明確にするくらいで、良いのではないか？」という、ご意見もあるかと思います。

確かにそれでも、一定の効果はありますが、「ぶれない人生軸」にはならないのです。

社会に出れば、うまくいくことばかりではありません。理不尽なこともあります。辛くて、苦しくなることもあります。そして、そういったことがあると、そもそも、いま自分のやっていることが、**「本当に人生を通じてやりたいことなのか？」**と疑問を抱きます。

その後に、はじめに抱えていた、「もやもやする」、「しっくりこない」に逆戻りして、さまよってしまうのです。つまり、夢（なりたい自分や人生）だけでは、続かず・諦めてしまうのです。なぜかと言えば、「自分のやりたいこと」だけの目標は、自分が「嫌になったら」簡単にやめられるからです。そして、やめてしまえば、**成幸**（成幸とは、目標達成にとどまらず、人生の目的を達成し、結果的に幸せに成るという意味の言葉）もしないのです。

そうならないための「ぶれない人生軸」が、先ほどの例です。

「自分らしさを発揮してイキイキしている自分」（理想の自分・人生）が、「当たり前にある日常や挑戦する環境をつくる」ことを通じて、「自分らしさを発揮して、イキイキしている人で溢れている世の中」（実現したい社会ビジョン）をつくることに繋がっている。たった1回しかない人生を賭けるのにふさわしいくらい、ワクワク・楽しくなるような、明確な「繋がり」を実感できます。

よく学校の授業で居眠りしてしまうのも、この授業を受けることで、「何に繋がっているのかが分からなくなっているから…」ではないでしょうか？

自分の行動が「どんな素敵なことに繋がっているか？」を明確にすると、人間はどこまでも頑張れます。特に、「多くの人を笑顔にしている！」「自分が思い描く、理想の社会づくりに繋がっている！」、その結果、「自分自身も充実感を感じて、もっと幸せになれる！」のであれば、なおさらです。人間は「自分のためだけ」になると、嫌なことや困難なことがあったときに、すぐに諦めてしまい、「成幸」できません。しかし、**「自分のため・人のため・世のため」**を意識した目標を実現するためなら、「無限の力・可能性」を発揮し、ずっと諦めずに、幸動・蓄積改善し続けて、必ず「成幸」します。

今から１５０年前の、坂本龍馬をはじめとした「幕末の志士」は、毎日命を狙われようが、鹿児島から京都まで歩く長旅になろうが、命尽きるまで、幸動し続けることができました。それは、「立派な大和魂ある日本人・武士になりたい！」（理想の自分）と、それぞれが描く「新しい日本をつくる」（実現したい社会ビジョン・アクション）を繋げて、自信と誇りを持って、堂々と活きることができたからではないでしょうか？もちろん、皆さまに「命をかけて下さい！」というお話ではありません。

ただ、参考にして頂きたいところは、「理想の自分・人生」と「実現したい社会ビジョン」を繋げた、「ぶれない人生軸」を持って、ワクワク・楽しく・本氣に活きていた「活き様」です！それに、単純に、自分だけでなく、自分以外の人や世の中のことも踏まえて、人生軸を作った方が、より明確で、強く、深い人生軸になることは、明らかです。

このように、「理想の自分・人生」と「実現したい社会ビジョン・アクション」の、明確な繋がりにより、「ぶれない人生軸」をつくることができます。そして、皆さまの、たった一回しかない、無限の可能性に溢れた貴重な人生を、「後悔なく活ききった！」といえるほどの、活力にあふれた「夢中人」になるための自己分析手法が

「カコミラ分析」なのです！

次の章では、「理想の自分・人生」をつくり出す「カコ分析」を、ワークシートを用いながら、一緒に実践していきましょう。

# 【1章】あなたの「カコ」から、「理想の自分・人生」の方向性をつくる

## 第1節　「理想の自分・人生」をつくり出す「カコ分析」

いよいよ、実際に「カコミラ分析」を、ワークシートも交えながら、一緒に実践していきましょう！

まず、「理想の自分・人生」をつくり出す、3つのステップがあります。

第1ステップは、あなたの無限の可能性を引き出す**「夢中人間学」**です。夢中人間学により、「命の尊さ」や「人間」が持つ無限の可能性を実感して頂くことを通じて、「限りない理想」を描けるようにしていきます。また、僕らは「人間」ですから、「人としていかにより良く活きるか」を明確にしていくことが、とても大事です。この「人としていかにより良く活きるか」を明確にしておかないと、せっかく理想を描いても、描いた「つもり」になってしまい、「もやもやする・しっくりこない！」ということになってしまいます。

「人間学」は、人として、どんな活き方をして、どんなゴールを目指した方がいいのかを学ぶ学問であり、正に**「人生のトリセツ（取扱説明書）」**です。

プラモデルや料理を作るときに、「トリセツ」又は「お料理雑誌」がないと、何をゴールにして良いかわからず、「より良いもの」ができないことと同じです。人間学（人生のトリセツ）を学び、自分が考える「より良い活き方」を実践して、蓄積改善を経て、成長し続けている人と、人間学を学ばず、「いきあたりばったり」で流された日々を過ごしている人とでは、人生の充実度において、雲泥の差が出てきます。

「人として活きる無限の可能性」を自覚するとともに、「人としていかにより良く活きるか」を明確にして、「人としての幸せな活き方」を具体化し、自分が心の底から、ワクワク・楽しく・本氣に活きていけるような、**「ぶれない人生軸」**をつくる土台を築きましょう。

第2ステップは、「理想の人生モデルづくり」です。

第1ステップで明確にした「人としての幸せな活き方」を、「理想の人生モデル」として、図式化・明文化していきます。自分の好きなアニメや漫画、心に残った、今まで経験してきたできごと等の中から、「好きなシーン」を選び、「大事にしている価値観」や「憧れの人」を具体化して、「理想の自分・人生」の方向性を明確にしていきます。

最後の第3ステップは、**「自分らしさの発掘」**です。

第2ステップで明確にした、「理想の人生モデル」を実現するために、「どんな自分になって、どんなことをして、どんな人生にしたいか」を具体化していきます。今まで歩んできた人生を振り返り、「自分が夢中になったこと・充実したとき、強み・辛かったこと」などを深堀していきます。

次の、

①人としての幸せな活き方の確立
②理想の人生モデルの確立
③自分らしさの発掘

という3ステップを経て、「理想の自分・人生」の方向性を確立していきます。

それでは次に、第1～3ステップを細かくみていきましょう。

ここから、ワークもご用意しておりますので、ぜひお楽しみに！

## 第2節　あなたの無限の可能性を引き出す「夢中人間学」

それでは、第1ステップである、あなたの無限の可能性を引き出す**「夢中人間学」**からみていきましょう。

おそらくこの名前を聞いて、「かたそう～」、「読む本を間違えたかな？」「もう読むのをやめようかな…」って思いませんでしたか…？　いやいや！待ってください。

確かに「人間学」と聞くと、堅い感じがするかもしれません。しかし、実は一番身近で、一番大事なのです。なぜかといえば、「ぶれない人生軸」を確立する第一歩が、あなた自身の「人として、何をゴールにして、どう活きたいか・活きるべきか」を明確にすることだからです。

僕が「人間学を学ぶこと」こそが、「ぶれない人生軸」を確立する第一歩であると実感した、25歳の時の幹部自衛官時代のお話をします。

入隊して１年目の筆者

僕は「国を守りたい！」などの明確な目的をもって、入隊したわけではありませんでした。「若い時に部下を持てることが、かっこいい」「社会的地位もあり、お金にも困らなさそう」など、目的もなく、大手企業を目指す感覚と同じだったと思います。そんな氣持ちで入隊したため、勉強にも身が入らず、戦闘技術や戦術も伸びませんでした。そのくせ、真面目であるため、ザ・熱血落ちこぼれ君って感じです。

そして、多くの同期や後輩に追い抜かれて、毎日毎日、劣等感を感じる日々でした。「やりたいことじゃなかったのかな…」「そうだとしても、自分が何をやりたいのかわからない…」「自分は、本当に何がやりたいんだ!!」休日はひきこもり、そのことしか考えられませんでした。それでも、やりたいことがわからなすぎて、頭がおかしくなりそうでした。

　そのことしか考えられないので、お風呂にも入らず、ごみも溜まる一方です。ごみ屋敷になる人の氣持ちがわかりました。そんなときに出会った方が、元北部方面総監（陸上自衛隊で２番目に高い階級）であり、僕の先輩自衛官の父親の方でした。

　その方は、僕が勤務していた駐屯地に来られ、若手幹部自衛官向けにご講演をしてくださったのです。そのご講演の中で、僕の心に響いたお言葉が、「20代は、人間とは何か、国家とは何かを学びなさい。そうすれば、自分の生き方が明確になる」でした。正に、当時の僕が、喉から手が出るほど、欲していたものだったのです。

　そして、そんなタイミングで、先輩自衛官の家で見つけた本が、人間学の名著である「修身教授録《しゅうしんきょうじゅろく》」（森信三著　致知出版社）でした。約５００ページもあり、正直、読むのがおっくうになりそうでした。しかし、パラパラめくってみると、ある言葉が目に入り、僕は本の中に吸い込まれたかのように、集中して読んでしまいました。

　その言葉が、**「自分は人間として生まれるべき、なんらの功徳《くどく》も積んでいないのに、今こうして、牛馬や犬猫とならないで、人身として生を受けた辱《かたじけな》さよ！」「諸君‼　この人生は二度とないのです。いかに泣いても、わめいても、肉体が壊滅したならば、二度とこれは、取り返すことができないのです。」**でした。

　この言葉から、次のような想いを抱きました。

　「他の生物と比較して、できることが多くて、可能性に溢れている『人』として生きるのは、当たり前じゃない！とても恵まれたことなんだ」「もし、人間じゃない、マグロとかに生まれたら、どうなっていたんだろう？」、「与えられた、人として生きるチャンスを、なんとかものにしたい！」

そして、「修身教授録」の本を貪《むさぼ》るように読んでいました。

そんなときに、僕の人生の転換点となる出来事が起きました。

ある、数千人が参加する戦闘訓練（サバイバルゲームのようなイメージ）に、数十人を指揮する部隊のリーダーとして参加しました。戦闘が始まってから、すぐに、僕の指揮に問題があり、自分が率いていた部隊を全滅させてしまいました（もちろん訓練上です）。

訓練が終わった後、宴会に参加したときのことです。ある隊員が僕に、「小隊長、マジで殺しますよ」と言ってきました。キョトンとしている僕に、隊員は続けます。「そりゃ、そうですよ。俺ら生きて帰らないといけないんですよ。嫁も娘も待っているんですよ。小隊長についていって死ぬなら、小隊長の背中を撃ちます」一見、過激ですが、至極当たり前です。

それくらい、日本の自衛隊の隊員は、いざとなったときに、任務に従事する覚悟があり、必ず生きて帰るために、真剣に訓練に臨んでいるのです。やりたいことがわからず、生き方に迷い、訓練の準備がおろそかなリーダーについていかなければいけない、隊員の方が不幸です。

正論でしたが、とてもショックでした。そして、後ろから撃たれる姿をイメージしたときに想いがこみあがってきました。「このまま、自分の力を最大限に発揮しないまま、さげすまされて死ぬのか。本当にそんな人生でいいのか⁈」僕の頭の中は、この疑問でいっぱいになり、仕事も手につかなくなりました。

そして、上司に相談しました。今までの入隊の経緯も含め、自分のやりたいことが、わからなくなっていること、そして、隊員から言われたことを踏まえて、自分がどう生きればいいのか、わからなくなってしまったこと。

上司は、「うんうん」と真摯に話を聞いて下さったあとに、次のことをお話してくれました。

**「俺はね、生まれ変わっても自衛官になりたいな」**
**「だって、人の最も大切な命を、自分が最も大事にしている命を懸けて、護れるだろう？　崇高で素晴らしい志事じゃないか」**

この瞬間に、僕の心に雷の矢がバリバリと刺さった感覚でした。崇高な想いで、「生まれ変わってもなりたいものになれていること」も衝撃的でした。しかし、何より僕に、嬉しそうに輝きながら語る活き様に、惚れ惚れしてしまいました。「僕もこんな人になりたい！」「生まれ変わってもやりたいと思える『志事』をして、社会で輝きたい！」

そして、「修身教授録」を読み終わった際に、自分の人生と「真剣に向き合う」決意をしたのです。

「たった一度しかない、無限の可能性に溢れた、人として活きるチャンスを、絶対に活かしたい！」
「そのために、自分の強みを最大限に発揮して、社会で輝く活き方をみつけるんだ！」

人間学を学び、僕は「本氣で人生を変えたい！　ぶれない人生軸をつくりたい！」と決意できました。

その人間学の中身を、一緒に学んでいきましょう。

人間学は、「人として幸せに活きるために、何をゴールにして、どう活きればいいか？」を、先人の古典や著作を通じて、学び・具体化・実践して、幸せに活きるために存在する学問です。正に、人として幸せに活きるための「トリセツ（取扱説明書）」です。そして、これを知らずに、人である自分自身の「理想の人生」を描くことは、難しいのです。

「夢中人間学」で特に大事な内容が、「人が持つ無限の可能性」と「人としていかにより良く活きるか」です。

国民教育師父・森信三先生のご著書である「修身教授録」（致知出版社）の例を引用します。

たとえば、「パンの引換券」を持っていたとします。

その引換券は、「パンと引き換えにできる」と、引換券の「価値を知ることができて」はじめて、「交換」という「価値のあること」に使えます。人間が持っている「無限の可能性」を自覚せず、自分の可能性に蓋をしてしまうこと、そして「人としていかにより良く活きるか」を考えず、いきあたりばったりで生きることは、どんなことに繋がるのでしょうか？

それは、パンの引換券の価値**（人間の無限の可能性・幸せな活き方）**を知らずに持ち続けて、期限が切れてしまい**（自分が亡くなるとき）**、あとから、もったいなかったことに氣づいて、**「後悔すること」と同じ**ではないでしょうか？ 引換券をそのままにせず、きちんと使ってこそ**（無限の可能性を自覚して、人としていかにより良く活きるか？ を確立・実践）**、「本当によかった〜」**（後悔しない人生を活ききる！）**って、思えますよね。

お金はいくらでも取り返すチャンスがありますが、**「時間」＝「命」は一度失ったら、絶対に取り戻せません。**

最期に、自分が亡くなるときに、「もっと〜しておけばよかった」と後悔するより、「幸せだった！ いい人生だった!!」と、満足感いっぱいで、最期を迎えた方が素敵じゃないですか？

そうなるためにも、ご自身の「人として活きる無限の可能性」を自覚するとともに、「人としていかにより良く活きるか」を、しっかり明確にしていきましょう。

ですので、読み飛ばさずに、とりあえず最後まで、「騙された」と思って、読み進めてください。

それではまず、「人間として活きる無限の可能性」を考えてみましょう。

皆さまに、さっそく質問です。

**「人として生まれてくる確率」**は何パーセントだと思いますか？

5％、1％、0．1％？ など、なんか低そうなのは分かるんだけど…という感じですよね。

ある大学教授の方が、分かりやすい例えで仰っていたので、ご紹介します。

なんと、**「1億円の宝くじを、１００万回連続で当てるのと同じくらい」**だそうです。

１億円の宝くじって、生涯に１回すら、ふつう当たらないし、それを１００万回って….。

…壮大すぎて言葉にならないですよね。

そうなんです！　僕らは、そんな「とんでもなく低い確率」で、人間として生まれてきた、極めて稀有《けう》（めったにない）な存在なんです！　そして僕ら人間には、限りなくいろんな考えを生み出す、大きな「脳」があります。

自分の捉え方次第で、限りなく幸せを生み出せる「心や感情」もあります。

夢や志などの、自分で価値ある目標を持って、欲望だけに左右されず、まっすぐに突き進む「理性」もある。

そして、その夢や志を実現させ、限りない自由を生み出す「手・足・身体」も持っています。

さらに、僕らは「日本人」です。他国と比較して、「衣・食・住」に困らない環境です。そして、小さい頃から、誰もが「教育」を受けられます。夜も出歩けるくらい、「身の安全」も保障され、自分の人生を「好きなように輝かせられる」環境に生まれてきた…

また、ほかの国で生まれたとしても、恵まれた家に生まれれば良いです。しかし、生まれた時から、「ドラッグまみれ」であったり、「紛争」が当たり前にある環境に生まれる可能性もあったわけです。

今の自分の人生が終わった後に、来世に、人として生まれるのか、それ以外の動物や生物として生まれてくるのかは、様々な考えがあるため、断言できません。

しかし、少なくとも、僕自身を例にとると、「星陽介」という、恵まれた貴重な環境を、「今！」与えられているのは「事実」であり、その**「星陽介の人生」は、絶対に、今与えられている1回しかない**のです。

そして、「星陽介」として活きる、めちゃくちゃ恵まれたチャンスを、「最大限に活かし、絶対後悔したくない！　人生を最大限に輝かせたい！」と考えたのです。

さらに、その可能性に溢れた僕らの命は、ご先祖様が**「未来の日本や日本人を守りたい」**という**未来を活きる僕らへの想いで繋がれたもの**なのです。

「若者よ、君たちが生きる今日という日は、死んだ戦友たちが生きたかった未来だ」八杉　康夫（戦艦大和語り部）、『致知』２００６年7月号　対談

２６８５年の間、どの時代においても、愛する人や故郷を守り、自分の人生を精一杯に生き抜いた、たくさんの先人が、今の僕らに「より良い未来」を繋いでくださったからこそ、今の僕らがあります。そして、僕らも先人と同じく、未来を繋ぐのです。

今の自分が置かれた環境を、改めて考えてみて下さい。

今この瞬間も、何不自由なく暮らせている時間＝命に対して、感謝の想いが湧き上がり、幸福感を感じませんか。そして、「できないことなんてない！」「なんとかして、この恵まれた奇跡の人生を、大事に、後悔なく活き切りたい！」という想いが湧き上がってくるのではないでしょうか。

しかし、こんなことというと、「そうは言っても、なんでもできるわけじゃないのだから、理想を描きすぎても、痛いだけじゃないの？」と思われる方もいらっしゃるでしょう。

それなら、どうして、空を飛べるようになったのでしょうか（ライト兄弟）？　どうして、電氣をつくり、1日自由に動けるようになったのでしょうか（エジソン）？　どうして人種関係なく、完全ではないにしても、付き合

える世の中になったのでしょうか（キング牧師）？

はじめはみんな、「ありえない」と言って、バカにしていたでしょう。あまりにも壮大すぎて、命を狙われた方もいます。それでも「実現」できた…彼らは天才なのでしょうか？　みんな生まれた時からお金持ちで、ＩＱも高かったのでしょうか？

松下幸之助

そうではありません。彼らは壮大な理想を描くだけでなく、その「理想の実現」と「自分自身の可能性」を信じ続けて、何があっても、幸動し続けたのです！　日本の経営者である松下幸之助（松下電器創業者《現パナソニック》）も、「成功を邪魔するものは、結局、自分自身である」とおっしゃっています。

どんな壮大な理想でも、その**「理想の実現」**と、人として活きる**「無限の可能性」**を信じて、**継続して幸動し続ける**ことができれば**「できないことなんてない！」**ってことを、実在した偉人の方々は、僕らに教えてくださっています。

「吉田松陰先生」（幕末の志士・思想家）も、次記のように仰っています。

「つまらない人間の癖として、昔の立派な人は、今の自分たちと大きな差があると思っていることは、**自分をダメなものと思い込み、将来を考えない、投げやりな態度の極み**である」

1億円の宝くじを、100万回連続で当てるのと同じくらいの、とんでもない確率で人として生まれたこと。そして、人の中でも、衣食住や教育に恵まれ、安全に生活できる、日本人として、自分の人生を好きなように輝かせられる環境にいること。前記の偉人が証明してくださっているように、「自分を信じて幸動し、蓄積改善し続ければ、できないことはない」ということ。

その3点から、僕らが人として活きているだけで、無限の可能性に溢れており、とても恵まれた存在であることがわかります。

吉田　松陰

また、「人としていかにより良く活きるか」を、実在した数々の偉人や超大人気アニメの登場人物の言葉から、考えてみましょう！

まずは、先ほども登場いたしました、吉田松陰先生（幕末の志士・思想家）です。

「人間に生まれたならば、**人と動物の違いを知るべきである**」

確かにそうですよね。人間以外の生物との違い（何ができて、何ができないのか）を明確にすることで、人としての、より良い生き方を具体化できます。

そして、その他の生物と人との違いを明確にするうえで、松下幸之助先生のお言葉をみてみましょう。

「人間は万物の王者なり」

この言葉を聞くと「傲慢だなぁ」って、思うかもしれません。

しかし、松下幸之助先生は、**「人間には、もって生まれた、恵まれた能力を持つからこそ、果たすべき役割がある！」**とおっしゃっております。

先ほども申しましたが、人は、ほかの生物より、脳も大きく、心があり、手と足も自由に使え、明らかに「できること」が多いです。そういった恵まれた能力を与えられているからこそ、自分のためだけではなく、自分以外の生物・人間・地域・国・世界・地球など、「万物」をより良くするために、幸動して活きる「役割」や「可能性」があるということです。

一万円札で有名な、福澤諭吉先生（慶應義塾創設者）も、次記のように仰っています。

「蟻の門人となるなかれ」

アリと同じように、食べたり、子孫を残すためだけに、生きていくのではなく、人生一度きりなのだから、自分のため・人のため・世のために活きていくことに、人として生まれてきた喜びや幸せがあるということを仰っております。

## 「人だからこそ得られる幸せ」とは？

### 【蟻の門人となるなかれ】

**アリみたいに**
**食べていくことだけでなく、**
**世のため・人のために生きることが**
**人だからこそ得られる喜びである。**

**多くの生物が考えることができないことだよね。**

慶應義塾創設者　福澤諭吉

　そして、超人気漫画・アニメである「鬼滅の刃」（集英社『週刊少年ジャンプ』より）からも学ばせて頂きましょう。

「鬼滅の刃」は、人を食べる鬼に、家族を食べられた挙句、妹を鬼にされた、主人公の竈門炭次郎が、鬼を殺す「鬼殺隊」に入隊するところから、物語がはじまります。そして、同期や「柱《はしら》」と呼ばれる、最も実力の高い９人の剣士とともに、最強の鬼である「鬼舞辻無惨《きぶつじむざん》」や、その部下である12人の実力の高い「十二鬼月《じゅうにきづき》」（）と呼ばれる鬼を倒す物語になります。

　今回学ばせて頂く場面は、柱の一人である「煉獄杏寿郎《れんごくきょうじゅろう》」と、十二鬼月で３番目に強い、「上弦《じょうげん》の参《さん》」である「猗窩座《あかざ》」との一戦です。鬼の中で３番目に強い「猗窩座」に善戦していたものの、徐々に追い詰められ、とうとう腹を貫かれ、窮地に追い込まれた「煉獄杏寿郎」。窮地に陥った煉獄杏寿郎は、母であり、小さいころに病気で亡くなった、「煉獄瑠火《れんごくるか》」に言われた言葉を思い出します。

瑠火：「なぜ、自分（煉獄杏寿郎）が人より強く生まれたのか、わかりますか？」

杏寿郎：「わかりません！」

瑠火：「弱き人を守るためです。」「生まれついて、人より多くの才に恵まれた者は、その力を、世のため・人のために使わなければなりません」「天から賜《たまわ》り力で、人を傷つけたり、私腹を肥やすことは、許されません。」
瑠火：「**弱き人を助けることは、強く生まれた者の責務**です。」「**責任を持って果たさなければならない、使命**なのです。」「決して、忘れることなきよう」「わたしはもう長く生きられません、強く優しい子の母になれて、幸せでした」

そして、この母の言葉を思い出した煉獄杏寿郎は、最後の力を振り絞り、猗窩座を窮地に追いつめました。そして、若き炭次郎たちや、２００名の人の命を守り、最期を迎えるときに、母の瑠火がいました。

杏寿郎：「母上、俺はちゃんとやれただろうか。**やるべきこと、果たすべきこと**をやれましたか？」
瑠火：「**立派にやれましたよ**」

このあと煉獄杏寿郎は、満面の笑みを遺して、使命を果たした生涯を全うしました。
いかがでしたでしょうか？　涙なしには語れません。

そして、この話のあとであれば、次の言葉も、すんなり入ってきやすいかと思います。「国民教育の師父」と言われた森信三先生は、以下のお言葉を残されております。

「自らの**使命を自覚**して、**実現しようとするところ**に、**人間と獣の本質的な違い**がある」

森　信三

人は、今までの人生経験から、自分が生まれ持って与えられた能力や役割を**見出すことができます**（**使命の自覚**）。そして、理性（自分の欲望だけでなく、自分以外の人・生物・全体のことを考えて、行動できる心）があるため、その使命を果たすことができるとともに、そういう**活き方**もできます。

そして、そこにこそ、人間と他の生物との違いがあり、「**人だからこそ得られる幸せ**」や「**人としてのより良い活き方**」がある。ということを教えてくれているのではないでしょうか？

つまり、人を含むあらゆる生物には、生まれた時から、様々な役割が与えられています。人以外の生物は、生物として生きる本能に基づき「自分の幸せ」（食べておいしい、寝て幸せ、子供に対する愛など）は得ることができます。しかし、自分が生まれてきた意味や意義（使命）を考え、自覚して、誇りを持って、活きることはできないのです。

人以外の生物は、基本的に、自分以外の多くの存在のために、何かをして、尊敬されたり、愛されたり、感謝されることはないのではないでしょうか？

さらに、孫正義さん（ソフトバンクグループ株式会社代表取締役会長兼社長）は、こんなことを仰っています。

「やっぱりね、お金よりも人々に喜んでもらえる、本当に感謝される、そういうことをしたい、もうそのことばっかりでした」

一時期は、「世界で一番のお金持ち」と言われた方です。その方ですら、自分のためだけでなく、世のため・人の役に立ちたいと、仰っているわけですから、そこにこそ、人である僕らが、求めているものや活き方が、あるのではないでしょうか？

孫　正義

なぜなら、人間には心の奥底で、**「自分も幸せになりながら、もっと多くの人や社会の役に立って、大きなことを成し遂げることができる！」**と、自覚がなくても、本能で、**自分にある無限の可能性を信じている**からです。

なぜ、お金も社会的地位もある、芸能人やスポーツ選手などの人たちが、破産したり、ドラックにおぼれたりして、人生を踏み外してしまうのか。その答えがここにあります。

どんなにお金を手にしても、好きな異性の方を抱いても、美味しいものを食べたり豪邸に住んでも、何かぽっかり空いている穴を埋めることができません。しかし、なぜかわからないから、ひたすら快楽を求め、法やモラルを逸脱し、人生を踏み外すのです。

そこに氣づくことができれば、更生できますが、たまに何度も、ドラッグにおぼれてしまう元芸能人やスポーツ選手がいます。そういった方々は、空いている穴を防ぐ「本当に必要なもの」に、氣づくことなく、再犯してしまい、泥沼に陥ってしまっているのではないでしょうか？

日本人が、物質的になんでも揃っており、安全安心に、自らの目標を持って好きに活きられる、恵まれた環境にも関わらず、幸福度ランキングが47位（令和5年《２０２３》年世界幸福度ランキング）ということも、そこに原因があるのかもしれませんね。

「人として生まれ、先人の想いで繋がれた奇跡の命」「先人の方々が証明して下さった、無限の可能性」「人だからこそ得られる、幸せな活き方」

この３つを考えると、「どうせできない」とあきらめるより、**「限りない理想」を描き、与えられた「自分の無限の可能性」を信じて、「ワクワク・幸動し続ける」**方が幸せだと思いませんか？

**「たった一度しかない、あなたの奇跡の人生」**をどう活きますか？

「人としていかに、より良く活きていくか」を確立するワークを、実践してみましょう。

巻末の資料としてプレゼントさせて頂きましたカコミラ分析ワークシート1の①〜③をご覧ください。（資

料：カコミラ分析ワークシート）
①他の動物ではできない、「人だからこそ、できることはなんだと思いますか？」
②他の動物にはない、「人だからこそ得られる幸せは、なんだと思いますか？」
③あなたの、「人としてより良く活きる、幸せな活き方」ってなんですか？
この3つです。この3問に、正解はありません。


皆さんそれぞれ、いろんな「人としてより良く活きる、幸せな活き方」があります。「成長を実感できること」「いろんな人と繋がりを持てること」「笑顔になれる・つくることができる」などなど、千差万別です。

しかし、このワークシートの実践から、自分が人として、より良く幸せに活きるために、大事にしている「価値観」が明確になります。そして、あなたが、ワクワク・楽しく・本氣に活きていくための**日々の幸動や決断する上での、かけがえのない「基準」**になるのです。

また、次章の「理想の自分・人生モデル」を明確にするための土台にもなりますので、ぜひ、実践してみてください。


ここで、先ほどご紹介させて頂いた、当時、就活生の方の実践例をご紹介します（20代女性ＩＴ業界勤務）。
①他の動物ではできない、「人だからこそ、できることはなんだと思いますか？」

**【未来をつくること】**

短い言葉ですが、とても深いです。確かに、今は人が未来を潰すような（核兵器や環境汚染など）をしている側面もあります。しかし、逆に言えば、起こりうる事態を予測して、「もっとこうすればいい」とより良い未来をつくるために、考え、幸動できるのも、人ならではです。この方は、公共サービスを支えるシステム開発のお志事をされています。正に、「安全・安心」を大事にされている想いが出ています。

①他の動物にはない、「人だからこそ得られる幸せは、なんだと思いますか？」

**【生きるための手段が豊富で、幸せは変形自在】**

正に、「無限の可能性」に溢れている、人ならではの、得られる幸せです。

②あなたの人として「より良く活きる、幸せな活き方」ってなんですか？

**【親から貰った命を繋げていくこと】**

素晴らしいです。命の可能性や大切さを自覚しているからこそ、出てくる想いです。彼女の、「家族・命・安全安心」を大事にしている想いを感じます。

さらに、会社員の方の実践も見ていきましょう。

①他の動物ではできない、「人だからこそできること」は何だと思いますか？

**【未来を想像し、創造すること】**

確かにその通りです。特に「創造」は、これからロボットやＡＩと人間との差を考えていく上でもとても大事なことだと思います。

②他の動物にはない、「人だからこそ得られる幸せ」は何だと思う？

**【学びや成長を通して、社会に貢献できるヨロコビ】**

学び・成長を通しての、社会という大多数の存在への貢献に対して、喜びを感じて幸せに成れるのは、人間ならではです。

③あなたの「人としてより良く活きる、幸せな生き方」ってなんですか？
**【自身の研鑽をしながら、自分を最大限に発揮して全力で生き抜くこと】**

自分を最大限に発揮しようと全力で努力するのは、正に人間ならではです。


ちなみに、僕のワークシートの実践結果は、次のようになりました。

①他の動物ではできない、「人だからこそ、できることはなんだと思いますか？」
**【与えられた強みを最大限に発揮するとともに、与えられた役割を自覚して、自分以外の多くの存在に、貢献すること】**

他の動物は、自分に与えられた能力や役割を自覚できませんし、多くの存在に対して貢献することが、難しいと考えました。

②他の動物にはない、「人だからこそ得られる幸せは、なんだと思いますか？」
**【無限の可能性を最大限に発揮し、自分自身が得られる幸せだけでなく、自分以外の多くの存在から、尊敬・愛される幸せ】**

人間以外の動物にはない、可能性を最大限に発揮することに、価値を見出しました。また、人間以外の動物では、他の存在のために、何かをしようとしても、限界があると思い、このようになりました。

③あなたの人として「より良く活きる、幸せな活き方」ってなんですか？

**【自分に与えられた強みや可能性を最大限に発揮して、与えられた役割を全うし、「自信と誇りを持って、堂々と、活きていくこと」】**

与えられた能力を最大限に発揮して、役割を全うする活き方をすれば、毎日、自信と誇りを持って堂々と、1分1秒、何をしていても充実していて、楽しいんじゃないかなと考えました。

皆さまは、人として、どうより良く活きて、どんな幸せを得て、どんな活き方をしていきたいですか？なお、「どうしても思い浮かばない」という方は、巻末の資料としてプレゼントさせて頂きました、「大事にしている価値観ワード（ＰＤＦデータ）」をご確認頂き、「人としての幸せや、より良い活き方」を明確にしてみてください。今まで１０００名以上の実践者のデータを収集し、大事にしている価値観別に、まとめたものになります。皆さま、お一人お一人にマッチするワードが、見つかるはずです。是非、参考にしてみてください。

「人としてより良く活きる、幸せな活き方」が明確になったところで、今度は、その「幸せな活き方」を、「理想の人生モデル」として具体化して、ワクワク・楽しく・本氣に活きる自分へと「深化」していきましょう！

## 第3節　何があっても、ぶれずに支え続ける「理想の人生モデルづくり」

ここでは、夢中人間学で確立した、「人としてより良く活きる、幸せな活き方」を、「理想の人生モデル」として、具体化していきましょう！

25歳の時の僕は、やりたいことがわからなすぎて、ごみ捨てにも行かなくなるほど、悩み・苦しんでいました。

２５歳の時の筆者

しかし、人間学を学び、人として活きる無限の可能性とチャンスに氣づくことができました。

そして、「自分が与えられた強みを、最大限に発揮して、自分も人も世の中も最大限に輝かせたい！」「たった一度しかない、人として活きる最高に恵まれたチャンスをなんとしても活かすんだ‼」と、どす黒い渦の中にいた自分が、光をみつけて、燃え上がっていることを実感しました。

しかし、早速、次の壁にぶつかります。

「とはいっても、自分は、具体的にどんな人生になれば、たった一度しかない恵まれたチャンスを、最大限に活かしている、と言えるのかな？」

来る日も来る日も考えても、納得のいく理想の人生が浮かびません。現実逃避して、好きなキャラが出ているアニメやドラマを見ていた時に、ふと思いました。

「こんなキャラみたいな人生だったら、楽しいだろうな……これだ‼」

ここから、僕の「理想の人生モデルづくり」がはじまり、どんどん具体化されていきました。

25歳の時の僕と一緒に、「理想の人生モデル」をつくっていきましょう。

「理想の人生モデル」をつくるためには、以下の３つのステップを踏んでいきます。

①好きなシーンを15～20シーン挙げて、「心惹かれる３つの要素」と「大事にしている価値観」を明確にする。
②憧れの人を1～3人挙げて、「理想の人生モデル」を明確にする。
③「理想の人生モデル」を、自分に置き換えて具体化する。

それでは、①から順番に実践していきましょう！

## 好きなシーンの見つけ方(星の例)

1　ワンピース（センゴクが啖呵きるシーン）
2　花燃ゆ・新選組（日本のために命懸けで戦い・鼓舞してるシーン）→２１シーン
3　吉田松陰先生・出光佐三さんの世のため・人のために活き抜く活き様
4　黒子のバスケ（キャプテン赤司がメンバーに鼓舞してるシーン）
5　スラムダンク（藤間のリーダーシップ）
6　参政党の神谷さんの演説シーン
7　イチロー選手、コービーのストイックさ
8　美女と野獣（Beourgest）
9　ワンピース（シャンクスの寛容さ）
１０　極道が恩を返したり、仇をとるために報復に出るシーン

まず、「好きなシーン」を、15～20シーン挙げます。

この好きなシーンは、アニメ・漫画・ゲームのシーン等、架空のものや「現実の出来事」でも、ＯＫです。

早速、上図の僕の例をご覧ください。

いかがでしょうか？　8割方、現実的な出来事ではありません。ドラマ（特に大河ドラマ）、アニメ・マンガなどがほとんどです。

しかし、大切なことは、**「心惹かれる3つの要素」**や**「大事にしている価値観」を明確にすること**ですので、現実的な出来事かどうかは重要ではありません。

ちなみに僕は、図に記載しているシーンを含めて、20分間で70シーン出てきました。

好きなシーンが多ければ多いほど、「心惹かれる3つの要素」が、明確になるとともに、深めることができるため、たくさん挙げてみましょう。今まで、カコミラ分析を実践してきた経験を踏まえると、最低15シーンは欲しいところです。

15シーン以上列挙したあとに、「心惹かれる3つの要素」を明確にしていきます。僕の実践例をご覧ください。僕が70シーンを分析して、明確になった、心惹かれた3つの要素は、以下の3つです。

①「ストイックなリーダー」が多い。

②みんなの前で「話をしているシーン」が多かった。
③世のため・人のために命をかけている「活き様」に魅力を感じていた。

まず①の「ストイックなリーダー」です。

スラムダンク(集英社『週刊少年ジャンプ』より）の「藤間健司」、黒子のバスケ(集英社『週刊少年ジャンプ』より）の「赤司征十郎」、ＮＢＡ選手の「コービー・ブライアント」などなど、ある目的を達成するために、ストイックに自分を磨き、魅力的な自分になりながら、人を導き、みんなから尊敬され、愛されている姿がたまりません。


また、具体的な行動ベースでいうと、②の「みんなの前で話をしているシーン」が多かったです。

特に平成24年（２０１２年）に、僕の出身地の宮城県で聴いた、小泉進次郎さん（政策面では、僕と相違がありますが）の街頭演説の魅力が、今でも忘れられません。

「この被災地だからこそ、日本を良くできる！」

何百人の聴衆がいる前で、聞き取りやすいスピードで演説して、共感や納得を得られる、説得力のある話の構成に感動しました。何より、「熱意を持って、楽しそうに、訴えている姿そのもの」が輝いてみえました。

そして、「僕も人前で魅力的に話をして、キラキラ輝きたい！」と思ったのです。


他にも、ある大河ドラマのワンシーンです。幕末の志士「高杉晋作」が、２０００の敵に対して、一人で決起する！と、決意した場面がありました。

決起を反対する仲間の前で、「これは愚行ではない！これが忠義じゃ！」と宣言し、「長州男児の肝っ玉、ここにお目にかけ申す！」と、仲間を鼓舞し、信念を訴えているシーンが大好きでした。

いずれにしても、「人前で自分の想いを伝える姿そのもの」に魅力を感じていたのでしょう。幹部自衛官時代の時は、毎日、小泉進次郎さんの演説動画を見て、手振り素振り・話し方・話すスピードをまねしていました。

その甲斐もあってか、射撃も戦術も指揮も、ダメダメでしたが、朝の3分間スピーチなどの「人前で話をすること」は褒められていました。おかげさまで、今は「講演家」として、ワクワク・楽しく・本氣に活きる夢中人を増やすための活動を、させて頂いております。

高杉晋作が決起した功山寺で、筆者も決起

このように、「理想の人生モデル」の確立プロセスで出てきた、「心惹かれる3つの要素」は、「自分にしかない、かけがえのない強み」を明確にすることにも繋がるのです。

そして、③の「世のため・人のために命をかけている活き様」ですが、これは先ほど出てきました、「幕末の志士」がほとんどです。

「幕末の志士」とは、坂本龍馬や西郷隆盛などが有名です。嘉永6年～明治2年（1853年～1869年）頃の「幕末」に活きていた、「日本を良くするために命をかけて、活動をしていた方々」です。自分のためだけでなく、「世のため・人の幸せのため」に、命を懸けて活動している、「活き様」に魅力を感じました。

この「活き様」ほど、尊いものはなく、まさにこれ以上ない、「誇り高い生き方」であると、考えたからでしょう。そうすると僕は、「自信と誇りを持って、堂々と活きていくこと」に最大の価値を見出していることもわかるわけです。

またもや、「理想の人生モデル」を確立するプロセスで、大切なものが見えてきましたね。

以上を組み合わせて、言葉にまとめると、「国や人々を幸せにするために、ストイックに自分を磨き、リーダーとして、自信と誇りを持って、堂々と活きたい」という、ぼんやりとしているものの、人生モデルが出てきました。

こんな活き方ができれば、毎日朝起きてから、夜寝るまでのできごと全部を充実感を持って、過ごすことができるでしょう。皆さんもこのように、ワクワク・楽しく・本氣に活きていくために必要な、「心惹かれる３つの要素」と「大事にしている価値観」を明確にしていきましょう。

それでは早速、「カコミラ分析ワークシート」２の、①〜②（大事にしている価値観まで）を実践してみましょう。まず①の「好きなシーン」を挙げてみて（最低15シーン以上）その中から「３つの共通点」を明確にしてみましょう。

そのあとに、３つの共通点から見えてくる、「大事にしている価値観」を引き出してみましょう。

いかがでしたでしょうか？

「心惹かれる３つの要素」や「大事にしている価値観」を、明確にできましたでしょうか？

なお、本書の巻末に資料としてプレゼントさせて頂きました、「大事にしている価値観ワード（ＰＤＦデータ）」もご確認頂き、大事にしている価値観や活き方を明確にしてみてください。

次は理想の人生モデルを明確にするための、第２ステップ「憧れの人を１〜３人挙げてみる」ですね。

「こんな人生になったら最高だよなぁ」という、理想の人生モデルを具体化するためには、「憧れの人」を参考にするのが一番です。

しかし、皆さまの中には、「いきなり憧れの人が思い浮かばないよ〜」という方も、いらっしゃるかもしれませんね。そんな時は、先ほど挙げて頂いた、「好きなシーン」から、みつけてみてください。

心惹かれる要素が含まれている、「好きなシーンに出てくる人物」が、憧れの人になっている可能性が高いです。

また、「心惹かれる3つの要素」の全部、又は一部を満たす人も、憧れの人になります！

僕が憧れている人は、今まで何度も出てきている、幕末の志士である「高杉晋作」と「吉田松陰先生」です。

この2人は、「ストイックなリーダー」「人前で話をする」「世のため人のために命をかける活き様」それぞれ、全部又は一部を満たしており、彼らのような活き方に憧れています。

特に、吉田松陰先生の、**「至誠にして動かざるは、未だこれ在らざるなり」（最善を尽くせば、できないことはない）**この言葉に基づく「活き様」は、僕の憧れでもあり、**「支え」**になっています。

松陰先生は、「外国の脅威にさらされている日本を守りたい！」という志を抱きます。しかし、何度も捕まり、牢屋に入れられたり、自宅蟄居（軟禁状態）になったり、最終的には、幕府から、「過激」と判断されて、処刑されてしまいます（安政の大獄）。

ここまで聞いていると、「なんもできてないじゃん」と思いますよね。しかし、生前、「松下村塾」という、名もなき十代〜二十代の若者が集う学び場がありました。

その学び場では、松陰先生が**一人一人の強みを引き出す**とともに、**世界や日本の現状・歴史・未来を考察**して、塾生一人一人が、今後の日本が取るべきアクションを議論していました。

その学び場の塾生である、高杉晋作や久坂玄瑞（松陰先生が一番期待していた弟子）、伊藤博文（初代内閣総理大臣）が、松陰先生の活き様に魅せられて、松陰先生が亡くなった後、長州藩（現在の山口県）・日本を守るために奔走します。

幕府側に命を狙われながらも、本氣で学び・成長・幸動し続けました。その結果、明治維新が実現され、50年も経たないうちに、不平等条約を改正するとともに、日清・日露戦争で勝利しました。そして、「いつ侵略されてもおかしくない日本」から、「豊かで、強い、近代国家日本」として生まれ変わったのです。

**「外国の脅威にさらされている日本を守りたい！」**という、**吉田松陰先生の「志」は実現され**たのです！

この活き様から学べることは、**どんなに大きな理想でも、「最善を尽くす（真心）活き方」ができれば、生死を超えて、必ず実現できる**ことを教えてくれています。

松下村塾

松下村塾塾生

僕も、自衛官を辞めた後に、「ワクワク・楽しく・本氣に活きる夢中人」で溢れる「誇り高く・強く・美しく楽しい日本」をつくる！という志を立てました。同僚・上司・家族に猛反対されても、騙されてお金を失い、困窮しても、活動がどんなにお金にならなくても、吉田松陰先生の活き様を支えに、**ぶれず・あきらめずに、理想の実現のために幸動し続けた**からこそ、同志との貴重なご縁を頂き、チャンスをものにして、今の僕があります。

憧れの人からは、「理想」だけでなく「支え」も得ることができるんですね！

ちなみに、「憧れの人がどうしても出てこない！」という方は、架空で良いので、自分で憧れの人をつくって、理想の人生モデルを具体化しましょう。


憧れの人を明確にしたら、理想の人生モデルづくり第3ステップの「自分に置き換えてみる」です。

「憧れの人の人生モデル」と「自分の理想＝心惹かれた3つの要素や大事にしている価値観」を重ねてみて、文字に起こしてみましょう。

僕は、次記のようになりました。

「世の中を良くするために、ストイックに自分を磨き、政治や教育を通じて、理想の国づくりに活きる」です。

↓政治や教育というのは、「人前で話をする」という要素や、「憧れの人」の活動（吉田松陰先生の教育、高杉晋作や小泉進次郎さんの政治分野）を踏まえて、明らかになりました。


それでは皆さまも、「カコミラ分析ワークシート」の2の②
◆「憧れている人」（理由も含めて）◆「こんな人みたいになって、こんな人生がいい！」を実践してみましょう。

いかがでしたでしょうか？

ここまでで、「人としてより良く活きる、幸せな活き方」を明確にして、それを基に、「理想の人生モデル」を具体化してきました！


いよいよ次が、カコ分析のラストです。

次項では、今までのご自身の人生の歩みを振り返ることを通じて、「自分らしさ」を発掘していきます。

そして、今まで具体化してきた「人としてより良く活きる、幸せな活き方」や、「理想の人生モデル」を実現するために、「どんな自分で、どんな手段で、どんな人生を歩みたいか？」を明確にして、「理想の自分・人生」の方向性を確立していきましょう。

## 第4節　あなただけの「輝く一隅」を引き出す、「自分らしさの発掘」

いよいよ、「理想の自分・人生」の方向性を確立するときがきましたね！

そのためには、ご自身の、人生の足跡を振り返ることを通じて、「何が好きで・得意で・価値を感じているか？」（自分らしさ）を明確にする必要があります。

なぜなら、それにより、「どんな自分になって、どんな手段で、どんな人生を歩みたいか」が明確になり、「理想の自分・人生」の方向性が確立されるからです。

25歳の時の僕も、「吉田松陰先生・高杉晋作のように、政治や教育を通じて、理想の国づくりに活きたい！」という、理想の人生モデルが具体化されてきました。

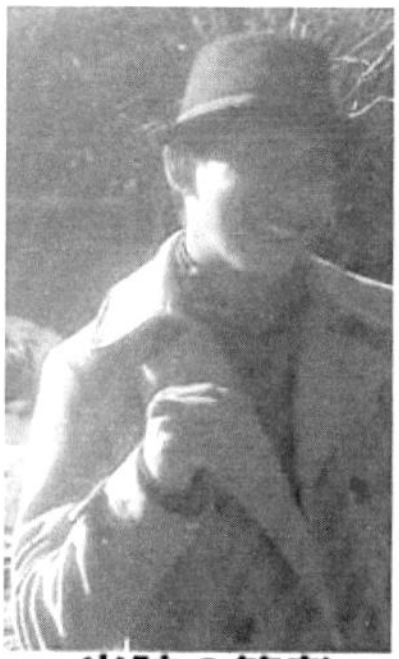

当時の筆者

理想が明確になり、どんどん未来への希望が拓ける感覚が、とっても嬉しかったです。この頃になってくると、休日がとても楽しみになりました。カフェをめぐり、幕末の志士の偉人伝や自己啓発の本を読んで、未来に希望を抱くようになります。未来に希望を持てるようになる反面、「描いた理想の人生モデルを、絵にかいた餅にしたくない！」というような焦りを抱きました。

「自分に当てはめて、理想の人生モデルを現実にするんだ！」「理想の人生モデル」を現実にするのは、唯一無二の僕自身です。僕には、僕にしかない、与えられた「強み・性格・経験」があります。それらを最大限に活かす事が「理想の人生モデル」を実現する、一番の近道だと考えました。

25歳の時の僕と一緒に、人生の足跡をたどり、「自分らしさ」を発掘して、「理想の自分・人生」の方向性を確立していきましょう。具体的な3ステップをお伝えいたします。

①「夢中になったこと」や「充実したとき」から、「ワクワクのツボ」や「幸せの条件」を明確にする。
②「自分にしかない強み」や「辛かったこと」から、「自分の武器」や「貢献したいこと」を明確にする。
③①・②を踏まえて、「大事にしている価値観」を具体化して、「理想の自分・人生」の方向性を確立する。

各ステップごと、ご説明していきますね。

こちらも、ワークシートをご用意しています。

ワーク実践の時に、スラスラできるようになりますので、「自分ならこんなことだろうなぁ」と考えながら、読み進めてください。


まず、第1ステップです。
①「夢中になったこと」や「充実したとき」から、「ワクワクのツボ」や「幸せの条件」を明確にする。
**【資料】**の「カコミラ分析ワークシート」の3の①〜④をご覧ください。

「夢中になったこと・ワクワクのツボ」からは、「自分の強みを最大限に発揮できる分野」、「充実していたとき」からは、「自分が幸せに感じる条件」が明確になります。

まずは、「夢中になったこと」と、「夢中になったときに得られていたこと」（ワクワクのツボ）を明確にしていきましょう。

例えば僕であれば、「夢中になったこと」は、「バスケや囲碁をしているとき」や、「政治・歴史の本やドラマを読んだり、見ているとき」です。

その時に、得られていたこと（ワクワクのツボ）は、「憧れの人と自分を重ねて、自分に自信と誇りを持てていること」でした。

・大好きなＮＢＡ選手のシュートフォームやドリブルを一生懸命練習して、試合で実現できたとき。
・大好きな囲碁棋士と同じ棋風を学び、実践できたとき。
・大好きな幕末の志士と自分を重ねられたとき。

自分に自信が持てて、とても誇らしい存在であることを実感でき、幸せな氣持ちになれました。

ここから僕は、「自信と誇りを持って、活きていくことを大事にしている」ということを、再確認することができました。そして、自信と誇りを持って活きていくためには、「なりたい自分になる＝やりたいことをすることが大事」という意識が、形成されたのです。

だからこそ、幹部自衛官時代に、どれだけ「お金に困ってなくても」、どれだけ「ちやほや」されても、「なりたい自分になれてない」、「やりたいことをしていなかった」ため、そこに価値を見出すことができなかったのでしょう。

しかし、現在、ぶれない人生軸をつくる「カコミラ分析」を通じて、キャリア教育の講演家、夢志教師塾塾長、草莽の本氣塾塾長として、多くの教員の方々やビジネスマンの方々の夢・志・大和魂に火をつけています。そして、参政党の党員として、より良い教育づくりのための、政策提言活動もさせて頂いております。

すべては、このカコミラ分析により、僕自身が夢中人として成長し、「ぶれない人生軸」をつくり・磨くことを通じて、人や社会の役に立つことで頂いた、「ご縁」があってこそです。

正に、この「ぶれない人生軸をつくり・磨く」分野こそが、「僕の強みを、最大限に発揮し、多くの方々のお役に立てるほど、素晴らしいものを生み出している分野である」といえます。

そして次に、「充実していたとき」と「得られていたこと」（ワクワクのツボ）です。

充実していたときが「専門学校時代に、クラスのリーダーとして、活躍しているとき」でした。

得られていたことが、「自信と誇りを持って、堂々と活きている、充実感・幸福感」でした。

自分で言うのもなんですが、専門学校時代は、成績も良く、みんなから尊敬されたり、愛されていました。

そして、そんな自分に、自信と誇りが持てていて、自分が大好きでした。（当時の僕を知っている方々、もし違っていたら、ノーコメントで笑）

この経験からも、「自信と誇りを持つことを大事にしていること」が、明確になってきました。

専門学校時代の筆者

ここまでをまとめると、僕が一番価値があると感じていて、素晴らしいものを生み出せる分野は、次記のようになります。

「自信と誇りを持って活きていくこと」を大事にしており、そのために、「なりたい自分になる＝やりたいことをする」ということに、**時間とお金を一番にかけてきました。**

だからこそ、講演家として「ぶれない人生軸」を持って活きる「夢中人」を増やす教育活動が、自分の強みを最大限に発揮できる分野となっていることがわかりますね。

上記の僕の例を踏まえて、「カコミラ分析ワークシート」の3の①〜④を実践してみてください。「自分の強みを最大限に発揮できる分野」や、「幸せに活きていくために必要な大事にしている価値観」を深堀していきましょう。

次は第2ステップです。

②「自分にしかない強み」や「辛かったこと」から、「自分の武器」や「貢献したいこと」を明確にする。

「カコミラ分析ワークシート」の3の⑤〜⑧をご覧ください。

「自分にしかない強み」からは、「理想の自分・人生」を実現するために必要な「自分の武器」が明確になります。「辛かったこと」からは、「自分が一番価値がある」と思っているもので、「人に与えたいこと・貢献したいこと」が明確になります。「理想の自分・人生」がさらに具体化されますから、楽しみにしてください。

まず、「自分が今まで褒められたこと」と「自分にしかない強み」を、明確にしていきましょう。

「自分が今まで褒められたこと」は、**根拠はなくて大丈夫**です。

「他の人よりできているかも！」と自分で思えることを、列挙していきます。

そして列挙した後に、似たようなものをまとめて、（3つがベストです。）、自分にしかない強み（武器）を具体化していきましょう。

例えば、僕の「自分が今まで褒められたこと」は次記になります。

◆「伝え方や話し方が上手」

◆「優しい・真面目・まっすぐ・人柄がよい」

◆「熱い志がある、ビジョンに惹きつけられる」
◆「行動力がある・生き方が魅力的」
◆「努力家」
◆「話が上手・面白い」
◆「笑顔が良い」
などでしたでしょうか。

自分自身で、他の人より優れてそうだなぁって思ったことは、「伝え方と熱い志」であり、**「負けたくない！」**とも思っていました。

このあとに、３つにまとめていくと、次記になります。
①人の心を動かす「伝える力」（話上手・おもしろい・話し方・伝え上手・ビジョンに惹きつけられる等）
②魅力的な「人柄」（優しい・真面目・まっすぐ・人柄がよい・笑顔が良い等）
③熱い「志」（熱い志がある・行動力がある・生き方が魅力的など）
そして、前回までの分析も踏まえると、『教育』か『政治』を通じて、『理想の自分・人生』を実現させたいのかなぁ」という方向性が見えてきます。（どちらも、前記の①～③が求められます）
続いて、「辛かったこと」や「何があったから辛かったのか？」です。
皆さんが、この項目をご覧になったとき、「なんでこんなことを訊いてくるんだよ…」と、思われたのではないでしょうか？　確かに、「理想の自分・人生」の方向性を確立するのに、「なんで、ネガティブなことを考えなくてはいけないんだ？」と思いますよね。
実は「暗殺教室」（集英社『週刊少年ジャンプ』より）に、**「人は自分を救ってくれたものに対して、一番の憧れや価値を見出す」**という名言がありました。

正にその通りなのです。僕の例がわかりやすいと思いますので、お話します。

僕が一番辛かったことは、「やりたいことが分からず、将来不安に怯えながら、もやもやする日々」でした。

23歳〜28歳までの僕は、やりたいことが分からずに、「もやもや・将来不安」に取りつかれていました。

一刻も早くやりたいことをみつけて、逃れたいと思っているのに、やりたくない仕事をしてしまっていました。

当然、そんな氣持ちで仕事をしていましたので、いつまで経っても、能力が伸びず、ミスをして、同期だけでなく後輩にも抜かれて、劣等感まみれの日々を過ごしていました。そして、そんな氣持ちで働いていることに周りの方々に申し訳ない氣持ちでいっぱいになるとともに、そんな自分に自信も誇りも持てなくなり、自己肯定感が下がり続けたのです。

今でも思い出すのが辛くなるくらい、「骨身に染みるほど、辛い２１６０日（約6年）」でした。

しかし、そんな日々を救ってくれたものが、自ら開発した、「夢」（理想の自分・人生）↓カコ分析と「志」（どんな人で溢れる素敵な社会をつくるか）↓ミライ分析により、「カコ」と「ミライ」を繋げる**「カコミラ分析」**だったのです。
この分析を通じて僕は、**【夢】**↓「自信と誇りを持って、堂々と活きる、志士・リーダー」になって、**【志】**↓「誇り高く・強く・美しく楽しい日本」をつくり、「共存共栄の和の世の中」を実現させる。（このあたりの経緯は、第2章で詳しくお話します）
そしてそのために、「夢中人をつくる講演家」として、令和の松下村塾（夢志教師塾・草莽《そうもう》の本氣塾）を運営して、教育活動（人づくり）をしながら、政治家になり、日本が自立した国になるための「仕組み」をつくる。**↓**「人づくり」＋「仕組みづくり」＝「理想の国づくり」という、ビジョンと行動が明確になり、夢中人として、ワクワク・楽しく・本氣に活きています。

上図の写真をご覧ください。

正直、この顔を晒すのは、めちゃくちゃ勇氣がいりましたが、あえて晒します。

どうでしょうか？　全く違いますよね。それぐらい、救ってくれたものですから、広めたくなりますよね。

やりたいことが分からないことの「痛み」や「苦しみ」、そして、本当にやりたいことを「志事」にして、夢中人になることの「素晴らしさ」を骨身に染みました。

だからこそ、この「カコミラ分析」によって、「ぶれない人生軸」をつくり、ワクワク・楽しく本氣に活きる「夢中人」を増やす形で、人や社会の役に立ちたいと「これ以上ない！」というくらい、明確になったのです。

「辛い経験」は、思い出すのも嫌でしょう。

しかし、**「だからこそ」**、**自分が最も「人に与えたいこと」**や**「貢献したいこと」になります。**そして、理想の人生を実現させるための、あなたにしかない、「一番の武器」にもなるのです。僕がそうであったように。

ただ、無理することはありませんので、できる範囲で深堀して頂き、自分にしかないステキな「武器」や「貢献したいこと」を明確にしていきましょう。

前記の僕の例を踏まえて、「カコミラ分析ワークシート」の3の⑤~⑧を実践してみてください。

「理想の自分・人生」を実現するために必要な自分にしかない「武器」や、人や社会に「貢献したいこと」を明確にしていきましょう。

そして最後の第３ステップ①・②を踏まえて、「大事にしている価値観」を具体化して、「理想の自分・人生」の方向性を確立する。

「カコミラ分析ワークシート」の３の⑨～⑩をご覧ください。

それでは、今までの「カコ」分析結果を、まとめていきましょう。

「理想の自分・人生」の方向性を構成する要素は、今まで確立してきた、以下の３つの要素になります。

①「人としてより良く活きる、幸せな活き方」
②「どんな人みたいになって、どんな人生にしていきたいか？」
③「その人生を実現するための「武器」や「貢献していきたいこと」

例えば僕の場合でしたら、

①「人としてより良く活きる、幸せな活き方」は、自分に与えられた強みや可能性を最大限に発揮して、自分が与えられた役割を全うし、**【自信と誇りを持って、堂々と活きていくこと】**になります。

そして、その幸せな活き方を「人生モデル」に具体的に落とし込む要素である、

②「どんな人みたいになって、どんな人生を送りたいか」は、高杉晋作や吉田松陰先生のように、**【国や人々を幸せにするために、ストイックに自分を磨き、リーダーとして人々を、幸せに導く活き方がしたい】**でした。

③その人生を実現するための自分の「武器」や「貢献していきたいこと」は、**【夢中人をつくる講演家」として、「カコミラ分析」を通じて、本当にやりたいことを「志事」にして、ワクワク・楽しく本氣に活きる「夢中人」を増やしながら、政治家になって、日本が自立する「仕組み」をつくり、「理想の国づくり」に活きる。】**になります。

という形で、「理想の自分・人生」の方向性を確立していくという形になります。

そして、年や経験を重ねるたびに、何度も何度も、このカコミラ分析を実践して頂くと、どんどん、ぶれない人生軸・アクションが具体化されていきます。

もちろん、1回実践しただけでも、かなり明確になり、「ぶれない人生軸」を確立できることは、今まで1000人以上の実践者が証明してくれていますので、ご安心ください。

なお、ある就活生の実践例が、とてもおもしろかったので、ご紹介しますね。次ページの図をご覧ください。

「夢中人間学」、「理想の人生モデル創り」、「自分らしさの発掘」いずれにしても一貫して、「繋がりを通じて、居場所（存在意義）を感じられること」を一番大事にされていることがわかります。人との繋がりから、自分が必要とされていることに、居場所（存在意義）を感じられることが幸せであるという想いです。ここまで明確になったことにより、彼女は「居場所のある自分で、居場所を与えることで、居場所のある人生」にしたいと仰ってました。

そして、このあとに、その「居場所」を「何を通じて与えたいか？」（家や家具を通じて等のモノからのアプローチや、カウンセリング等の精神的なアプローチもありますよね）を、「ミライ分析」を通じて、明確にするという流れになりました。

1　たった一度しかない人生を、人間として後悔なく生き切るための「軸」を手に入れよう♪

①　他の動物にはない、「人間だからこそ得られる幸せ」は何だと思う？

様々な繋がりを持てること→人間は様々な繋がりから様々な幸せを感じられる
→特に繋がりから成長やモチベーションを得られることが大事！

②　「人間としての」あなたの「命を最大限に輝かせる幸せ」ってなに？(^^♪

自分の居場所を感じられる
感謝や褒められる、認められる→生きてていいんだ！（存在意義を感じられること）

2　好きなシーンや憧れてる人から、自分だけの「理想の人生モデル」を作ってみよう(^^♪→「繋がり」×「成長」＝居場所（存在意義）→「一番の幸せ」

①　好きなシーン（１５～２０シーンくらい）自体はメモ帳に書き出して、３つ「共通点」を見つけよう（歴史の出来事・学校の思い出・ドラマや漫画のシーンでも良いよ★）

◆仲間が関わっている（繋がりを通じて助けたり、成功をさせてくれる）（繋がりを通じて存在意義を感じる）◆努力が報われている(絆が深まる)◆ネガティブなことからポジティブへ

②　３つの共通点も踏まえて、誰に憧れていて、どんな人になって、どんな人生を送りたいかな？(^^♪（憧れてる人は、歴史の人でも、家族の人でも、漫画のキャラでも良いよ★）

◆憧れてる人
●●ちゃん　行動力がある、みんなから愛される
あきらめない・多くの人の背中を押している

◆～な人になる！
みんなから愛されたい！（応援されたい）
→謙虚に・ビジョンを持って行動し続ける

◆こんな人生がいい！　心が穏やかで、
居場所を感じられる（存在意義）人生

3　本当の素敵な自分を見つけてみよう(^^♪→自分が「何が好き」で、「得意」で、「価値を感じているか？」を明確にしよう♪

①　今まで時間を忘れるくらい、夢中になったこと

ジャニーズ

②　夢中になれた理由を明確にして、自分の「ワクワクのツボ」を手に入れよう♪

日々の活動を通して元気や勇気をくれる、仲間を大切にしてグループで何度もつらい経験を乗り越えてきているのがかっこいい

③　今まで褒められたことや他の人よりできてることを書いてみよう

周りの人を尊重すること（？）

④　③から、自分と多くの人を幸せにする、自分にしかない「強み」を発掘しよう♪

その人の気持ちを聞いて寄り添える（？）

⑤　自分が一番充実していた時（リア充期）

周りに人がたくさんいたとき（友だちと高頻度で遊んでたとき、相談しあいながら行事に向けて動いたり部活に取り組んでたとき）

⑥　何が得られていたから、充実してたのかな？(^^♪→それが君の幸せの条件になるよ♪

自分がそのコミュニティに必要とされているのが実感できて居場所が感じられたから

⑦　自分が一番つらかった時

人が離れていったとき（仲間だと思ってたのに裏切られた）

⑧　何を感じたから辛かったのかな？→それが君の「人にしてあげたいこと」になるかも！

結局だれからも必要とされていないと感じた

⑨　①～⑧を踏まえて、自分が一番大事にしている価値観はなにかな？

同じゴールを見ている仲間と一緒にその達成を目指すこと
「繋がりを通じて、居場所を感じること」

⑩　どんな人みたいになって、どんなことして、どんな人生にしたい？

「居場所のある人」になって、「居場所を与えること」をして、
「居場所のある人生」→どんな居場所かを明確にする（存在意義を感じられている）

「カコ分析」を最後まで実践すると、**とても一貫性**があり、明確になります。正に「理想の自分・人生」の方向性が、明確に確立された実践例です。

それでは、ここまで長々と語ってきましたが、早速ワークを実践していただきましょう。

「カコミラ分析ワークシート」の3の⑨〜⑩です。

⑨幸せに活きるために大事にしていること

⑩どんな人になって、どんなことをして、どんな人生にしたいか?

今までの例を参考にしながら、ワークシートを実践して頂き、理想の自分・人生の方向性を確立していきましょう。

いかがでしたでしょうか。

ここまでが、「理想の自分・人生」(夢:自分のカコから見つける)の方向性を確立する「カコ」分析になります。概ね、「こんな自分になって、こんなことをして、こんな人生にしていきたいな」という、方向性は明確になったのではないでしょうか。

次章からは、「ミライ分析」、「理想の自分・人生」を通じて、「どんなことをして、どんな人で溢れる、素敵な社会をつくりたいか」を明確にします。いよいよ、「カコミラ分析」最大の肝に入ってきます。

さらにワクワク・楽しく・本氣になって、「ぶれない人生軸」を一緒につくり、「夢中人」になりましょう。

## 【2章】「実現したい社会ビジョン・アクション」から、ぶれずに夢中に活きる「ミライ」をつくり出そう！

## 第1節「実現したい社会ビジョン・アクション」をつくり出す「ミライ分析」

前章までは、「理想の自分・人生」の方向性を確立した、「カコ分析」でした。

ここからは、「理想の自分・人生」を通じて、「こんな人であふれる、素敵な社会をつくりたい！」を具体化する**「ミライ分析」**になります。

この「ミライ分析」こそが、カコミラ分析の最大の魅力であり、「ぶれない人生軸」をつくるための最大の肝といえます。そう深く自覚した出来事が、前章のカコ分析を実践し、「理想の自分・人生」の方向性を確立した、26歳の時にありました。

「理想の自分・人生」の方向性を確立して、これから自衛官ではなく、教育者になって、実績をつくった後に、ゆくゆくは、政治家になろうと考えていました。

僕は人前で話をすることが得意であり、好きでした。また、やりたいことがわからなくて悩んだ経験も、教育に活かせると考えていたからです。「教員免許をいつ取得しようかな〜」など、少しウキウキしていた時期に、自分の人生軸と、さらに深く向き合う機会が訪れました。

新人の幹部自衛官教育の時にお世話になった、二つ年上の先輩幹部自衛官に、駐屯地に設置されている浴場の中で、今後の進路について相談したときのことでした。

**星：僕は、ゆくゆくは自衛官を辞め、教育・政治の世界にいこうと考えています」。**

**先輩：そうか、確かに教育は、世界と比較して日本の強みだからな。とても価値がある仕事だ。それで、お前は何を目指すために、教育や政治の世界に行くんだ？**

**星：何を目指す…ですか？ 自分の得意なことですし、憧れの人の生き方とも重なり、やりたいと思ったので…。**

**先輩：お前、自衛官を辞めるんだろ。しかも、20代後半だよな。そんなことで、本当に大丈夫か？ 今の話を聞く限りでは、俺には、自己満（自己満満足）にしか聞こえないな。否定はしないが、それで本当に辞めたいと思っているのかを、もう一度考えてみてもいいんじゃないか？**

先輩は、少し冷たい視線を僕に残して、浴場から出ていかれました。一人ぽつんと、湯船の中に残った僕は、心の整理をつけるために、しばらく、ぼーっとしていました。しかし、整理がついた後も、先輩から言われた、「自己満」という言葉と、「本当に辞めたいと思っているのか？」という言葉が、僕の心にずっと引っ付いていました。

そして、第1章・第2節「夢中人間学」にてご紹介させて頂いた、上司の幹部自衛官が、「生まれ変わっても自衛官になりたい」とキラキラしながら、僕に語りかけたお姿が脳裏に浮かんできました。

さらに、『修身教授録』（森信三著　致知出版社）に書いてあった、**「諸君！この人生は二度とないのです。いかに泣いても、わめいても、肉体が壊滅したならば、二度とこれは、取り返すことができないのです」**という言葉が、僕の心に雷鳴のように、何度も何度も響き渡ります。

その日から僕の心には、次の言葉が、頭からずっと離れなくなりました。

「本当に心の底から、これでいい！と思えているのか？」この疑問に、答えられない日々がずっと続きました。

もちろん、「自分の得意なことを活かす」「自分がやりたいと思えること」も絶対に必要であり、とても大切です。

しかし、それだけでは、どうしても「もやもやする・しっくりこない」が解消できませんでした。

確かに考えてみれば、「自分がやりたいと思ったから」以外のことは、あまり考えていませんでした。

「なぜ、教育者・政治家になりたいのか？」「教育者や政治家になって、何がしたいのか？」「そもそも、教育者や政治家になることが、どんなに価値のある事なのか？」が、とても不明確であり、自分に落とし込めていなかったのです。

答えを見つけたくて、コーチングを半年間ほど受講してみました。もちろん、「自分の好きなこと・やりたいこと・得意なこと」等を明文化し、さらに深めることができました。

確かに、コーチングを受講してから、３日間くらいはモチベーションが上がりました。しかし、その後は、結局、「本当に心の底から納得できているのか？」「もやもやする・しっくりこない」「本当にやりたいと思えることなのか？」に戻ってきてしまい、頭の中をぐるぐる駆け回るのです。


どうしようもなくなって、途方に暮れていた、休日の夕方のことでした。電氣を暗くして、ベッドで寝転がりながら、YouTubeで、憧れの幕末の志士が出てくる「花燃ゆ」というＮＨＫの大河ドラマを見ていた時のことです。ある幕末の志士が、多くの人々の前で、啖呵を切るシーンでした。

「人はなぜ、学ぶのか⁈ それは、**この世の中のために、己がすべきことを知るために、学ぶのです‼**私は、この長州を、日本国を、守りたい。己を磨き、この国の役に立ちたい！そのために学びたい！まだまだ学びたい‼」

このシーンを見た時に、「正に自分が欲しい答えを得られかもしれない‼」と期待と希望に溢れていました。

「そうか、学べばいいんだ‼」「そういえば俺は、誰の役に立ちたいんだろう？」「**そもそも、今のみんなは、何に困っていて、何を必要としているのだろう？**」「それを知るために、俺は、今の日本や世界（世の中）がどうなっているのかを学びたい‼」

この瞬間に、なぜ今まで、「もやもやする・しっくりこない」から抜け出せていなかったのかが、ようやくわかったのです。

つまり、「こんな自分でありたい・こんな人生にしたい」を明確にする、「理想の自分・人生」だけでは、「ぶれない人生軸」をつくる上での入り口であり、**「出口」にまで繋がっていなかった**のです。

「教育者や政治家になって、人づくりや国づくりに活きる」という、理想の自分・人生の方向性(入口)だけでは、「そのことで、どんな人の役に立ち、課題を解決し、価値があると思えることに繋がっているのか？」という、**「人生を通じて成し遂げたい！」**と思える**「ゴール」**への**「繋がり」が明確ではなかった**のです。


教育にしても、政治にしても、どんな職業にしても、自分のためだけでなく、人を幸せにして、より良い社会をつくるためにすることです。それにも関わらず、日本や世界（世の中）のことがわかっていない状態で、「教育や政治を通じて、何がしたいか」は明確にならないのです。

「自分のやっていることが、こんな人を笑顔にして、こんな素敵な日本や世界をつくり、未来を作ることに繋がっている！」と思えたら、たった一度しかない人生を懸けられるほどの**「ぶれない人生軸」**をつくることができるのではないでしょうか。


もちろん、「そんなに壮大なことを掲げて、成し遂げられなかったら、意味がないんじゃないのか？」とも氣負う必要はありません。

吉田松陰先生の著作『講孟余話』（吉田松陰著　松浦光修編訳ＰＨＰ研究所）に、以下の趣旨の記述があります。

「囚人だから勉強しても意味がない、という考え方は、『利益を基にする考え方』であり、『愛と正義を基にする考え方』をしている人は、決してそんなことは言いません」

「人としての正しい生き方を知ることができたら、それが、なんの役に立つのか等、つまらないことを考える必要があるのでしょうか」

つまり、利益（結果）だけではなく、**愛と正義そのもの自体（過程）に価値がある。**という教えが、約百数十年前・数千年前の教えにあるのです。

「自分のやりたいこと」を見つけようとしている自分」「自分のやりたいことで人を笑顔にして、素敵な日本や世界をつくろうと活きている自分」「たとえ、やりたいことでなくても、価値があると思えることに繋げて活きている自分」

いずれも**「愛と正義を基にした活き方自体」**に、**尊さ**があり、**価値**があり、**素晴らしい**のです。

確かに「利益」（結果）も大切です。しかし、そこにばかり**「捉われる必要はない」**のです。

そして、**【はじまりに】**や**【序章】**でもお話しましたが、どんなお仕事でも、専業主婦の方でも、**「人の役に立ち・素敵な社会や未来をつくっている」**のです。**「繋がり」を見出せていないだけ**です。

別に減るものでもないのです。そして、どんなことにも「繋がり」を見出すことで、モチベーションが上がり、成果も出て、成幸できることを伝えている心理学者の理論をご紹介します。

「3人のレンガ職人」というお話を通じて、米国の臨床心理学者であるロバート・エリスが「ＡＢＣ理論」を提唱し、「捉え方」により、「感情」が引き起こされ、「結果」も変わってくるというお話です。

同じようにレンガを積んでいる、ある3人の職人がいます。

ある旅人が、「どうして、レンガを積んでいるのですか？」と、3人の職人に質問しました。

一人目の職人は、「レンガを積んでるんだよ、見ればわかるだろう？」と不機嫌そうに、答えました。

二人目の職人は、「ここで、大きな壁をつくっているんだ。この仕事のおかげで、家族を養えているから、ありが

一人目のレンガ職人

二人目のレンガ職人

三人目のレンガ職人

たいよ」と答えました。

三人目の職人は、「私は、歴史に残る偉大な大聖堂をつくっているんだ！　多くの人の悲しみや悩みが解消され、希望を生み出すでしょう。素晴らしいと思いませんか！」と、イキイキ答えました。

いかがでしょうか？

「自分の今の状況は、一人目かもしれない、いや、二人目かなぁ」、「別に二人目でも良くない？」「三人目になれたらいいなぁ、でもハードル高いなぁ」などなど、いろいろ考えられたのではないでしょうか？

実はこのお話には、各レンガ職人の10年後が描かれた、続きがあります。

一人目のレンガ職人は、10年前と同じように、文句を言い続けながら、レンガを積んでいました。二人目のレンガ職人は、賃金の高い、危険が伴う屋根の上の仕事に転職していました。三人目のレンガ職人は、現場監督として、多くの職人を育て、出来上がった大聖堂に自分の名前が刻まれました。

3人とも、「レンガを積み立てる」という同じことをしているのに、**何を見据えているか（何に繋げているか）**により、**湧き出る感情**が変わり、**行動**も変わり、**結果（未来）も変わっています。**

一人目の職人は、レンガを積み立てることに対し、何も見据えてなかったため、現状に対して、「より良くしていこう」という感情が起きずに、延々と同じことをしていたので、何も変化がありませんでした。

二人目の職人は、レンガを積み立てることに対し、家族を養うための、「お金」を見据えていたため、「お金をもっと得よう」という感情が起きた結果、賃金の高い仕事をするようになりました。

三人目の職人は、レンガを積み立てることに対し、「偉大な大聖堂をつくり、多くの人の役に立つこと」を見据えていたため、「人の役に立ちたい！」という意識が芽生え、人から信頼されるようになり、現場監督者として功績を遺す未来になりました。


この三人目の職人のように、「自分のしていることが、こんな人を幸せにして、こんな素敵な社会をつくっていることに繋がっているんだ！」と思えれば、どんなことがあっても、幸動し続けることができ、仲間やチャンスに恵まれ、成幸できるのです。


そのために、「理想の自分・人生」（夢）だけでなく、「実現したい社会ビジョン・アクション」（志）を繋げて、「ぶれない人生軸」をつくりましょう。

それでは、「実現したい社会ビジョン・アクション」（志）を具体化するための、「ミライ分析」（日本や世界の現状・歴史・未来）の具体的な実践の流れを、お話します。

「ミライ分析」は以下の５ステップになっております。

**①「目が覚める日本のリアル」（今の日本がどうなっているのか？）**
「今の日本がどうなっているか」なんて、考えたことないですよね。26歳の時の僕もそうでした。

「物価が上がって大変だ」、「少子高齢化だ」、「不倫・パワハラした」とニュースで聞いて、「なんとなく、先行きが暗い日本」を感じるくらいではないでしょうか。

しかし、まだまだ、日本には他国が羨むほどの、「素敵な魅力」があります。「足るを知る」という言葉があるように、「すでに幸せであることに氣づく」ことこそが、今の日本人が幸せに活きるために必要であり、その側面から、「日本の現状」を考えていきます。

ただ、確実に迫っている危機があることも事実です。しかし、「危機=課題」であり、その課題を学ぶことで、「自分のやりたいこと・できること・やるべきこと」が明確化・具体化されます。

日本の課題について、５つの項目を設けて、流れに沿って、簡単にお話しますので、一緒に世の中を知るための、第一歩を踏み出しましょう！

## ②「感動と切なさに溢れる日本ストーリー」（どうして、今の日本になったのか？）

「日本人は、親切で、勤勉で、信用できる」、「日本では、治安が良く、落とし物が返ってくる」、「東日本大震災での、日本人の助け合う精神」などなど、どうして日本には、そのような魅力があるのでしょうか。

また、「なぜ、失われた30年と呼ばれて、給料が上がらないのか」、「どうして、多くの日本の若者が不登校や自殺してしまうのか？」など、日本が抱える課題の原因も、すべて、僕らのご先祖様が歩まれてきた「歴史」（ストーリー）に答えがあります。

正直、僕も25歳までは、日本のことなんて、なんとも思っていませんでした。好きでもないし嫌いでもない、「無関心」に近かったと思います。そんな僕が、日本が大好きになった要点に基づき、「日本がどんな国で、どうして今の日本になったのか？」「これから、より良い日本にして、自分たちや未来の日本人のために、何ができるか？」を考えていきます。

日本人である自分自身を、「素敵だな〜」と思えたり、感謝の氣持ちが沸いてきて、幸せな氣持ちになれます。

しかし、少し切なくもなってしまう、「感動と切なさに溢れる日本ストーリー」として、まとめさせて頂きましたので、ぜひお楽しみください。

## ③意識が変わる世界のリアル（今の世界がどうなっているのか？）

今の世界は特に、「〜紛争で多くの人々が犠牲に…」など、暗いニュースばかりが目立つかと思います。

ただ、今の世界も、少しずつ・確実に良くなり、今を活きる僕たちは、その恩恵を受けています。世界が良くなっている素敵な一面を学ぶ反面、逆に、いつまでも世界が平和にならず、「なぜ格差が存在し、争いがなくならないのか？」という課題も学ぶことで、ビジョン・アクションを、さらに具体化・深化させます。

僕は、はじめて「世界のリアル」を学んだ時に、あまりにも、今まで学んだ現実とは違う現実を知り、理解に時間がかかりました。しかし、だからこそ、「日本人である自分にこそ、できることがある！」と活力が沸いて、ビジョンやアクションを確立できました！

自分の経験も踏まえて、簡単に、丁寧に、根拠を持って、お話させて頂きます。

## ④驚愕と革命に溢れる世界ストーリー（どうして、今の世界になっているのか）

今の世界から、「どうして争いがなくならないのか？」、「なぜ、憎しみ合い・赦し合えないのか？」の答えが、世界が歩んできた歴史にあります。「争いの根本にあるもの」を紐解く形で歴史を学んでいき、「争いを少なくし、助け合える世界」をつくり、少しでも明るい未来を繋ぐために、自分たちにできることを具体化していきます。

この世界ストーリーを学ぶと、どんなことも、「より良き自分に成長し、人を笑顔にして、素敵な日本や世界づくりに繋がっている」と、実感できるようになります。

そして、改めて、日本人であることに感謝し、「無限の可能性に恵まれた、たった一度しかない人生を後悔なく過ごしたい！」と、思えるようになりますので、こちらもぜひお楽しみ下さい。

**⑤危機をチャンスの未来に変える「夢中人アクション」**

ロボットやＡＩ等の最新技術が台頭し、劇的に変化する中で、「日本や世界がどうなっていくのか、自分たちがどう活きていくか」を明確にしていきます。

そして、カコミラ分析ワークシート２／３の「ミライ分析ワークシート」を実践し、「自分がどんな日本をつくり・どんな世界をつくりたいのか」（理想の世界・日本）、「どうして、今の日本や世界になっていると思うのか」（日本や世界の現状）、「理想の日本や世界にするために、自分は何をするのか」（改善・具体的アクション）を、図式化していきます。

これにより、就活生の方の就職活動でしたら、志望業界を３～４業界に絞れた方もいれば、就職より、海外留学することに決めたという方もいました。また、転職希望者の転職活動でしたら、転職先業界、起業準備されている方でしたら、どのサービスをつくるかまで具体化された方もいました。

このように、様々な進路選択において悩まれた方々の、ビジョン・アクションが具体化されていきます。

以上の５つの流れで、ミライ分析を実践していきます。

第１章で確立した「理想の自分・人生」の方向性を踏まえて、世の中を学び・考察し、今後のアクションとの繋がりを見出すことは、とても手間がかかります。しかし、その分、明確に、強く、深みのある「ぶれない人生軸」になるのです。

僕の体験談や絵なども豊富に取り入れて、ハードル低く・わかりやすく・楽しく学べる要素を、ふんだんに盛り込んでおりますので、ぜひ一緒に、あっという間かと思いますが、最後まで取り組んでいきましょう！

## 第2節　一度知ったら、止まらなくなる！「目が覚める日本のリアル」

まず、この見出しを見て、「だいぶ盛りやがって！」と思うかもしれません（笑）

しかし、当時26歳の僕は、今からお話をする内容を知り、その日の夜に眠れなくなった記憶がありましたので、この見出しにさせて頂きました。

日本のリアル（現状）を、「良い面」と「課題」に分けて、お話させて頂きます。

まず、良い面は、次記の3つになります。

①衣食住に恵まれ、国民のモラルが高く、安全・安心に暮らせること。
②比較的、人口が多く、経済大国第4位であること。
③世界の国々からの好感度がとても高いこと。

早速①から見ていきましょう。

**①衣食住に恵まれ、国民のモラルが高く、安全・安心に暮らせること。**

これは、皆さまも実感されているのではないでしょうか？日本では、確かに貧困に悩まれている方もいらっしゃいます。しかし、ストリートチルドレンは見たことがありませんし、ホームレスの方も世界各国と比較しても、圧倒的に少ないです。ホームレスの方の数が、世界で最も多いフィリピンは、約450万人に対し、日本は約2800人です。（国際連合人権委員会・厚生労働省統計）

その一番の要因は、戦後焼け野原になり、何もなくなった状態だったにも関わらず、僕らの両親・祖父母世代の方々をはじめとした、**ご先祖様が一生懸命働いてくださり、日本経済を発展・支えて下さったこと**です。今を活きる僕らは、感謝しなければなりませんね。

さらに、雇用や社会的地位を保障した、終身雇用制度や豊富な福利厚生があったからこそ、一家を構え、立派な一軒家を持って、暮らすことができるようになりました。社会保障制度（社会保険・社会福祉・公的扶助・公衆衛生）が整備されていることにより、比較的安価に、医療や福祉サービスを受けられ、老後も収入が絶えることもなく、暮らすことができます。そして、収入が得られなくなった状態になっても、生活保護により、生活を立て直すチャンスが与えられています。また、公営・市営住宅が運営されていることも、大きな要因です。

僕の同志に米国で働き、ご家族と暮らしている方がいらっしゃいます。その方から、ある一か月の家族の歯科治療にかかった費用が17万円、風邪をひいて病院に行っただけで、2~3万円かかったというお話をお聞きしました。そして、その方は「米国では歯がない人なんて普通ですよ」とも、仰っておりました。

もちろん、米国とは、物価や給料水準も違うため、単純比較はできません。しかし、僕らが安価で様々なサービスを受けて、暮らせていることは、当たり前ではなく、とても有難いことなのです。

次節で詳しくお話しますが、日本は天皇が、国民を「大御宝《おおみたから》」として、大事に愛しんでくださり、国民がその愛に応える（君民一体）という形で、紀元前６６０年から今まで、２６８５年間、存続してきました。**「天皇が愛しむ国民が安心して暮らせるように」という想いが、制度として形になっている**ことも、日本の素敵なところです。

また、日本人のモラル（ルールを守る意識）の高さも、世界から賞賛されています。もちろん、豊かであることも要因であると思います。しかし、その根底にあるのは、自分がされて嫌なことは人にしないという、**「思いや**

りの心」であり、「人として、これはダメだろう」という、**人として活きる矜持（誇り・プライド）からくる、恥の意識**ではないでしょうか。

僕も両親から、「自分がされて嫌なことは人にするな」「女の子には優しくしなきゃだめなんだよ」と子どもの頃から、ずっと言われてきました。今では「押し付け」などと言われるかもしれません。

しかし、人生を振り返ってみれば、この教えが、潜在意識に刷り込まれていたおかげで、僕は「自分さえ良ければいい」と考えて、人を騙したり、友人を貶めることなく、「人として誇れる活き方」ができたのかなと思うと、両親にも感謝です。皆さまもご家族、学校の先生、ご友人、職場において素晴らしい日本人から教えを受けて、「思いやりの心」や「人としての矜持」を身につけてこられたのではないでしょうか。

さらに、深夜に歩いても、襲われる危険性が低いくらい、安全安心が確保されています。それは、日本人の国民性だけでなく、明治7年（1874）日本発祥の交番制度により、警察官が街を見回って下さっているからです。（海外旅行で治安が良いとされる国《平和度指数が高い国》2023年版ランキング）にて、日本は9位にランクインされており、人口1億人以上の国では、第1位です。

僕は宮城県出身で、21歳の時に、東日本大震災にて被災しました。当時は、電氣が3日間ほど、使用できなくなるとともに、電話も通じませんでした。

「周囲の自動販売機が壊された」「コンビニが荒らされた」等の噂（後ほど、根も葉もないデマだと、わかりました）がある中、「もしかしたら、ウチにも悪い人が来るかもしれない。そしたら、どうしよう…」と怯えながら過ごしたことは今も覚えています。その後に、電氣が復旧して電話が使えるようになった際に、「これで、何かあっても警察を呼べる」と安堵するとともに、警察官の方々への感謝の想いは今でも持ち続けています。

**②「比較的、人口が多く、経済大国第４位であること」**

確かに日本は少子高齢化であるものの、それでも、１億２千万人の人口がいて（世界第12位　国連人口推計）、経済も低迷しているとはいえ、未だに、世界第４位（世界ＧＤＰランキング）です。

売られている物品の品質も良く、基本的に食べ物や生活に必要な物が、手に入らないことはありません。

『今日、誰のために生きる？ アフリカの小さな村が教えてくれた幸せがずっと続く30の物語』（ひすいこたろう・ショーゲン著　廣済堂出版）という、アフリカのブンジュ村を舞台にした本には、１枚の段ボールを手にするまでに約１ヶ月かかり、「なぜ欲しいのか」を相手に伝える難しさに苦慮した上で、手にできた時の感動が伝えられています。

「欲しい時に、欲しい物が手に入り、生活ができること」を、当たり前に感じている方が多いかと思います。今の日本に生まれ、数十年の間、当たり前のように、服を着て、食事をして、家に住んで生活できている環境では無理もありません。

しかし、今すぐに幸福度を高め、一日一日を充実させたいなら、日々の生活で、欲しいものが手に入ったとき、その欲しいものを使ったとき、１日を無事に過ごせて、眠りにつく時に「ありがたいなぁ」と**感謝の意識を向けましょう。**そして、**「足るを知る」を自覚すること**こそが、現代の恵まれた時代に生まれた日本人が、幸せに活きるために最も必要なことではないしょうか。

**③「世界の国々からの好感度がとても高いこと」**

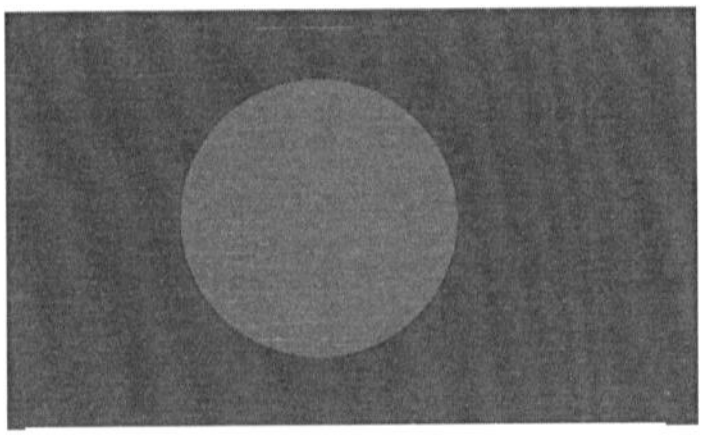

バングラデシュ

パラオ

右上のバングラディッシュ（インドの東にある国）と、左上のパラオ（フィリピンの東にある国）の国旗を見てください。なぜ、そっくりなのでしょうか？

バングラディッシュは、戦後の焼け野原から立ち上がり、高度経済成長期を迎え、豊かになっていく日本を見て、**「日本のような発展した国になりたい！」**との想いが込められていたからです。

パラオは日本統治時代（大正3年～昭和20年《1915年～1945年》まで）に、学校をつくってくれたり、道路・水道・病院などを整備してくれたことや、大東亜戦争（日本とアメリカの戦争：俗に太平洋戦争と呼ばれている）のときに、日本が米英から国を守ったことに対し、深く感謝してくださっています。

真ん中の黄色の丸は月を表し、日本の真ん中の赤の太陽との友好を表すとともに、少し左にずらしているのは、日本に対する畏敬の念を表しているそうです。

このように、国旗という、**国家の大事なシンボルを通じて、尊敬や感謝の意を表されている**日本は、本当に素晴らしい国であると思いませんか。そして、そんな日本に生まれ育ち、日本人として活きる自分に、ほんの少しでも、感謝の想いや誇らしい氣持ちが湧いてくるのではないでしょうか。

また、次頁の図をご覧下さい。アウンコンサルティング株式会社が調査された、**【第12回アウンコンサルティング親日度調査】**です。

ほとんどの国が、日本に対して9割近く好意的であり、インドネシア・フィリピンに至っては100%です

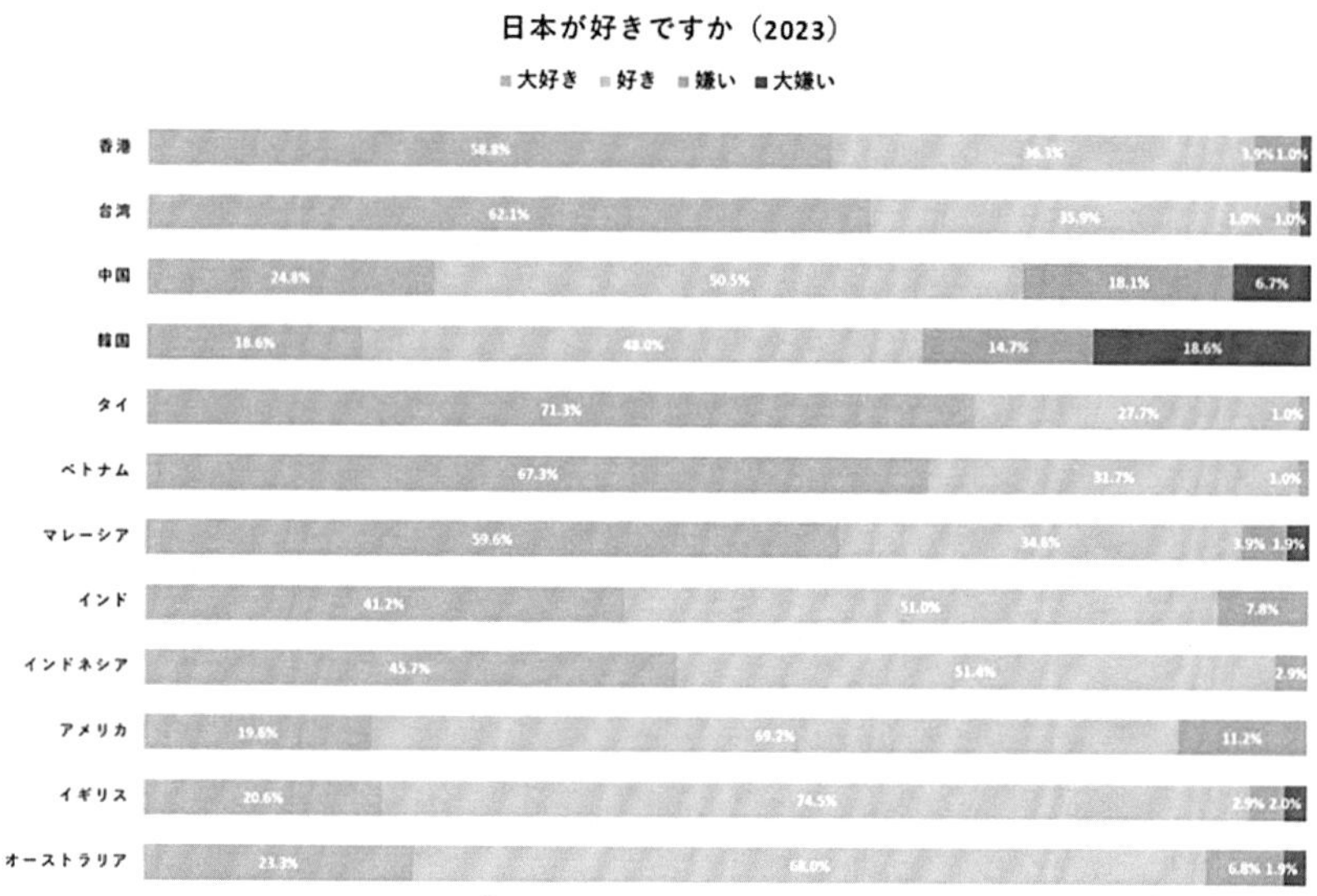


（中国や韓国は、子供のころから反日教育をされているため、比較的低い）。これだけ、世界の国々から好意を持たれている国は、ほかにありません。

ピュー・リサーチ・センターの「諸外国の米国やバイデン大統領への見方に関する世論調査結果」（２０２３年）によれば、米国に対して「好意的」と回答した割合の23カ国の中央値は59％（ポーランド（93％）、イスラエル（87％）、韓国（79％）、ナイジェリア（74％）、日本（73％）、ケニア（71％）ハンガリー（44％）

あくまで参考にとどまりますが、**日本のように、9割近く好意的であることは、当たり前ではない**のです。

いかがでしたでしょうか？　豊かで、安全安心が確保され、モラルの高い日本だからこそ、誰からも邪魔されず、多くの国民が、夢や志などの目標を持って自由に活きることができます。しかも、その自分が生まれた国が、世界各国からも尊敬・愛されているなんて、あまりにも恵まれすぎていて怖くなりますよね。

世界を見渡すと、貧困・人身売買・ドラッグ・紛争等により、自由に自分の人生を生きられない人が、数億人以上います。他国から信頼されず、自国に誇りを持ちたくても、持てない方もいるかもしれません。

今ある幸せな「時間＝命」が当たり前にあるわけでないことを、深く自覚しましょう。

そして、その幸せや素敵な日本を残して下さった、ご家族やご先祖様に感謝して、一日一日を大事に幸せに活きることが、僕らにできることではないでしょうか。

なぜこれだけ、豊かで安全安心に暮らせる、素敵な日本になったのかは、次章の「感動と切なさに溢れる日本ストーリー」（歴史）に答えがありますので、楽しみにしていてください。

しかし、その反面、危機的とも思える「課題」もあります。その日本の課題を一言で表すと、**「自立できず、明るい未来を描けない日本の危機」**です。

「国なのに自立できてないって、どういうこと？」と思いませんか。簡単に言えば、「人口・経済・安全安心など、あらゆる面において、他国に頼り、自立できてない」状態を示しています。その「自立できてない日本」になっている実態や要因を、「教育」・「政治」・「経済」・「少子高齢化・安全保障」・「日本のミライ」の５つの流れに沿って、お話をさせて頂きます。

それでは、早速①の「教育」から参りましょう。

**① 多くの国民が、自己肯定感や主体性が低く、政治的無関心になっている。（教育）**

次頁図をご覧ください。日本財団が調査した「18歳の意識調査」（２０１９年）です。全ての項目で、他の国と比較して、日本は「大きく」劣っています。

特に問題なのが、

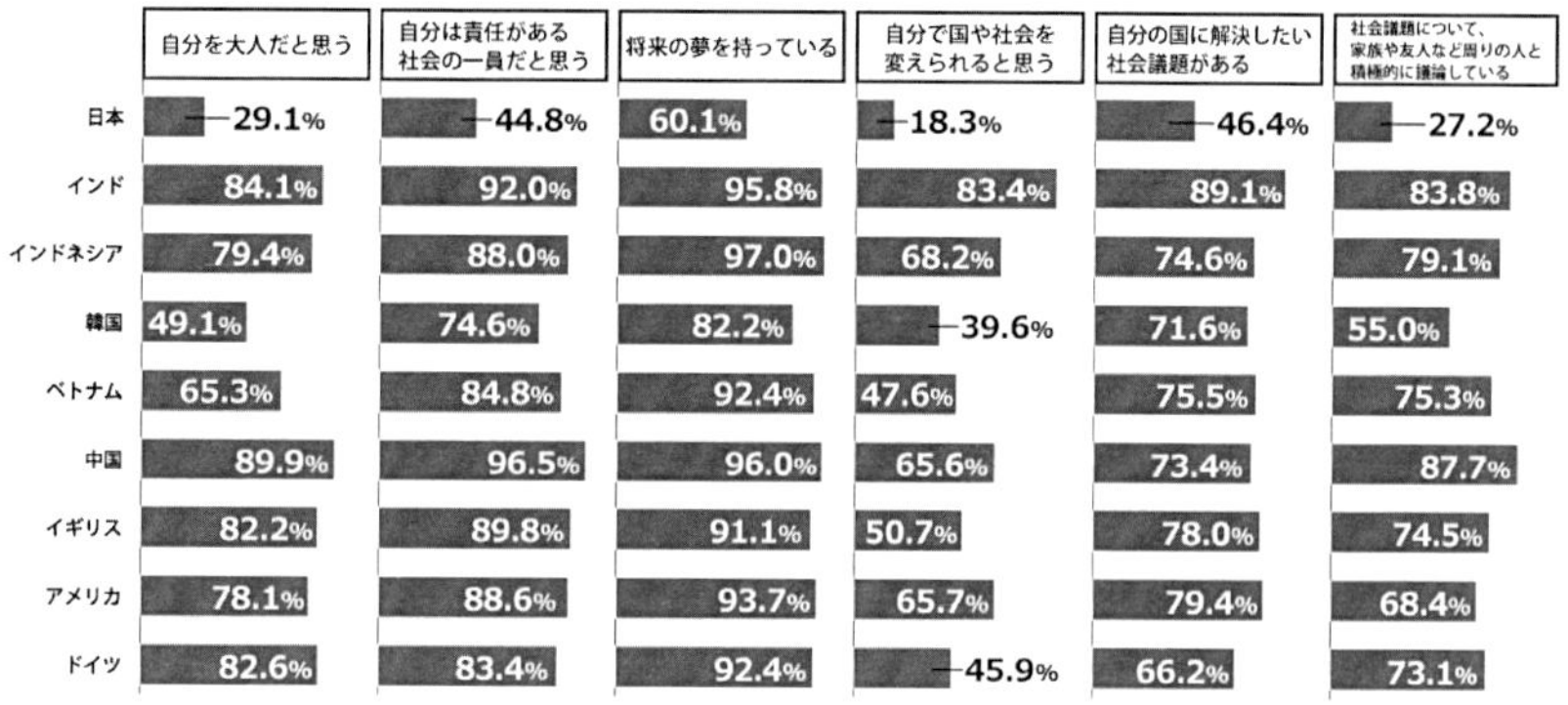


◆「将来の夢を持っている」↓約60％（他国平均約93％）
◆「自分で国や社会を変えられると思う」↓約18％（他国平均59％）
◆「自分の国に解決したい課題がある」↓約46％（他国平均約75％）

つまり日本は、**「自分は、国や社会を変えられると思わないし、解決したい社会課題もない」という若者が、海外と比較して、圧倒的に多い**ということです。一方、他の海外の国々は、**「自分は、国や社会を変えられると思うし、解決したい社会課題もあるんだ！」という若者が、日本と比較して圧倒的に多い**ということになります。

現に、突出して高い数字を記録している、米国・中国・インドは、今後の世界の中心と目されている国々です。

これから、ロボットやＡＩ等の、最新技術が台頭する中で、このような状態のまま、20年・30年経ってしまったら、どうなってしまうのでしょうか。

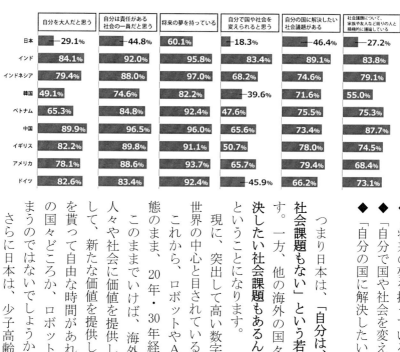

このままでいけば、海外の国々は、「どんどん新しいものを生み出して、人々や社会に価値を提供していこう！」と意気込み、ロボットやＡＩを駆使して、新たな価値を提供していくでしょう。しかし、日本人は、「別に、お金を貰って自由な時間があれば、それでいいや」と考える人が多くなり、海外の国々どころか、ロボットやＡＩにまで使われる人で溢れる未来になってしまうのではないでしょうか？

さらに日本は、少子高齢化が進む中で、頼みの綱である若者が、この状態ということです。このことだけでも、「とんでもない危機的状態」であることがわかります。

ご自身が受けてきた教育を振り返って頂き、「なぜ、自己肯定感や主体性が低くなり、政治的無関心になる人が増えてしまうのか？」を考えてみてください。

そして、この日本国民の状態が、次の「政治」にも大きな影響を及ぼしていくのです。

**②政治家ではなく、「政治屋」が日本のかじ取りをしていること（政治**
「政治屋」とは、日本や日本人のためではなく、「次の選挙に当選するため」に、票やお金をくれる支援者のための政策を進めたり、日本や日本人のためにするべき政策を、棚上げにする政治家のことです。


一番わかりやすいのは、「消費税の増税」ではないでしょうか。日本は30年前と比較して、平均年収が下がっています。そんな状態で、消費税を増税されて困るのは、負担が増える国民です。

本来であれば、消費税を減税し、国民が使えるお金を増やすことこそが政治家の役割です。しかし、その消費税を上げることにより、「儲かる輸出関連企業」や「得すると考えている大手企業」がいます。

そういった企業は、政治家に多くの献金や、選挙になった際の組織票を、政治家に提供しているのです。

仮に「国民のために減税を進めます！」と言えば、「じゃあ献金もしないし、票も上げないぞ。それで次の選挙に当選できるのか？」となり、何も言えなくなってしまうということです。また、そもそも政策のことをよくわかっていない方や、「国民のために」という想いが低い方が政治家になっていることもあります。


それでは、なぜ、そのような政治家の方が、当選できてしまうのでしょうか？

その答えが、①教育でお話した**「政治に無関心な国民」**です。民主主義・選挙支援国際研究所が作成した、「世界各国の議会選挙の投票率」において、日本は139位です。

投票率が低いと、コントロールできる「組織票」さえあれば、当選できてしまう環境になってしまうのです。

つまり、少し厳しい言い方かもしれませんが、「どんなに志がなくても、どんなに勉強してなくても、約束された**票やお金さえあれば、当選できてしまう環境を、政治に無関心な国民がつくっている**」ということになります。

逆に国民が政治に関心があり、声を挙げたり、投票率が高ければ、（概ね80％くらい）一部の約束された票やお金だけでは、当選できなくなります。そうなれば、**志を持って、勉強している政治家でなければ当選できなくなる**ため、政治家も政策のレベルも上がり、国民が豊かになります。

もちろん、一番悪いのは、志もなく、勉強不足な政治家です。僕の地元である、宮城県のある市・町議会議員で、万引きをしたり、議会中にスマホゲームして、議会見学していた子供に通報されて辞職された方がいました。しかし、その政治家が、約束された票やお金により、当選しやすい環境をつくっているのは、きちんと考えずに投票したり、投票に行かなかった国民自身です。「票やお金を支援してくれている一部の支持者」に縛られる政治家、「志が低く、勉強不足な政治家」が多くなると、日本や僕らにどのような影響が出ているのでしょうか？

次の③に繋がっていきます。

**③国民の給料が30年間増えない、日本の経済状況（経済）**

日本人の平均年収は、1992年に約450万円でしたが、2021年は443万円と、約30年前と比較して、減っています。先進国7か国（アメリカ・イギリス・フランス・ドイツ・カナダ・スペイン・イタリア）と比較しても、**1990年代と比較して年収が減っているのは、日本だけ**です。

なぜ、日本だけ平均年収が減り続けているのでしょうか。僕が考える、代表的な要因は以下の３つです。

◆絶望的に間違っている「経済政策」
◆日本人が働いた成果が、給料に反映されない「仕組み」
◆労働生産性が低くなるような「教育」を受けてきたこと

まず、「絶望的に間違っている経済政策」ついてお話します。

現在の日本は、給料が低いにも関わらず、物価が上がり続けている、「スタグフレーション」という最悪な状態です。その最悪な状況になった原因は、ウクライナ紛争等により、物資が手に入りづらくなって、仕入れコストが高くなり、物価が上昇していることも一つの要因です。

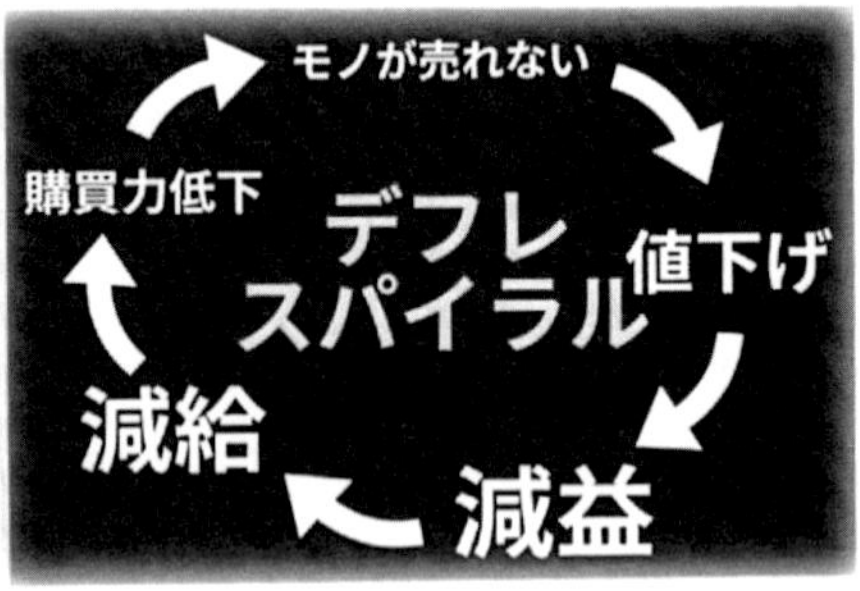


しかし、一番大きな原因は、１９９０年代はじめから、30年間続いている、「デフレ（デフレーション）」を脱却できていないことにあります。デフレは、国民の使えるお金が少なくて、物やサービスを購入できず、物やサービスが余ってしまい、値段を下げざるを得ず、物価が下がっている状態です。

よく「お金がない、給料が上がらない」というのは、そもそも買う人が少ないため、利益が上がらず、働いている人の給料に反映できていないことが原因です。その結果、給料が上がらないから、モノやサービスを購入できない。モノやサービスが購入されないから、売り上げが伸びず、給料を増やせない。給料が少ないから、モノやサービスが購入できない…という負の循環に陥っており、これを**「デフレスパイラル」**と言います。

今の日本は、デフレスパイラルに物価上昇が重なっているため、危機的状況です。

僕は19歳の時に、公務員試験に合格するための専門学校に通っていました。マクロ経済学を勉強していた際に、「スタグフレーション」を勉強していて、「こんな状況になったら、マジ最悪じゃん。まぁ、さすがにこんなこと起こらないでしょ」と思っていたことを覚えています。まさか、13年後に目の当たりにするなんて、思ってもみませんでした。

そのデフレを脱却するためには、「減税」（例えば、消費税を10％から5％に減らす）や事業者に補助金という形でお金を配り、その分だけ給料を上げたり、販売価格を下げてもらう「積極的財政政策」や、金利を低くする等（お金を借りた時の利子が少なくなるため、お金が借りやすくなる）の「金融緩和政策」をして国民のお金を増やしたり、減らさない政策をして、将来不安を払しょくし、国民が、「お金を使おう！」と思って貰わないといけません。

国民がお金を使えば、売り上げが伸びて、給料に反映されて、またお金を使って…という好循環が生まれるからです。

次に「日本人が働いた成果が、給料に反映されない『仕組み』」についてお話します。

実は、企業の利益自体は、増えているのです。利益は増えているのに、なぜ日本人の給料が増えないのでしょうか。

それは、**利益が上がっても、給料ではなく、株式配当に反映される仕組みになっている**からです。

次頁図をご覧ください。（財務省法人企業統計）

利益は上がり続けているのに、（真ん中）その上昇分以上に、株主配当金が伸びています。（一番上）そして、

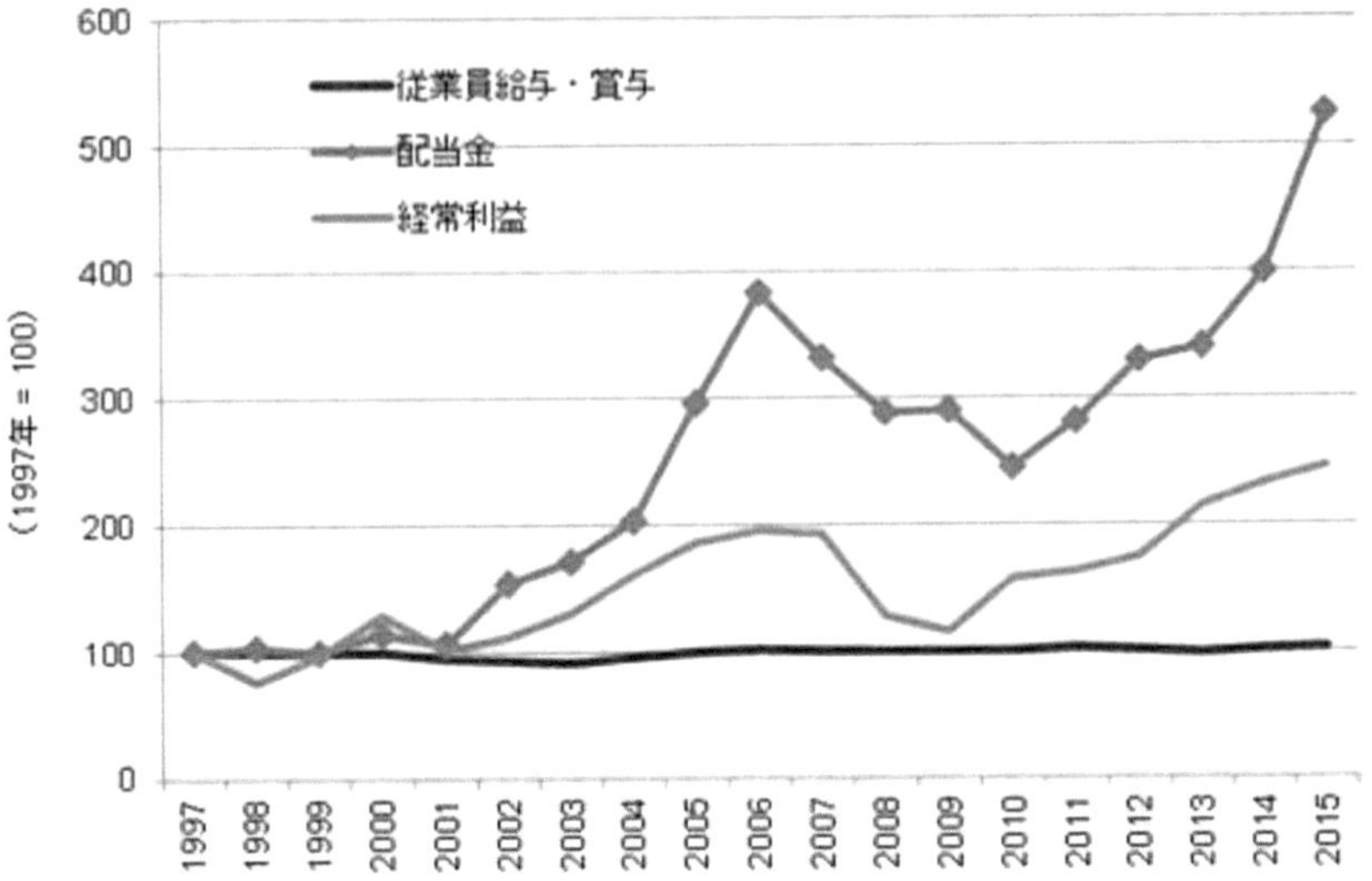


給料はほぼ横ばいです。（一番下）

さらに問題なのが、その株主配当金の多くは、毎年増え続けている外国人投資家に流れており、日本国内に流れず、日本経済の活性化に繋がっていないことです（日本株購入者の3割以上が外国人）。つまり、**日本人が頑張って働き、売り上げを伸ばし、利益を上げても、給料に反映されず、外国人投資家に流れているため、日本経済が活性化せず、日本人の年収が下がっている**ということです。

バケツに水を入れようとしても、穴が開いていて、別の人のバケツに入っていたら、いつまで経っても水は手に入りません。これと全く同じことが今の日本に起きているのです。

最後に「労働生産性が低くなるような教育を受けていること」についてお話しします。

「労働生産性が低い」原因は、日本人の能力が低いわけではありません。また、よく批判される「終身雇用制度」や「年功序列賃金」の、日本の労働慣行が悪いわけでもありません。もし、そうであるならば、なぜ日本は１９８０年代後半まで、経済大国第２位になるほどの成果を出せていたのかが説明がつきません。

要因は、①の教育にあった**「自己肯定感や主体性の低い国民」**

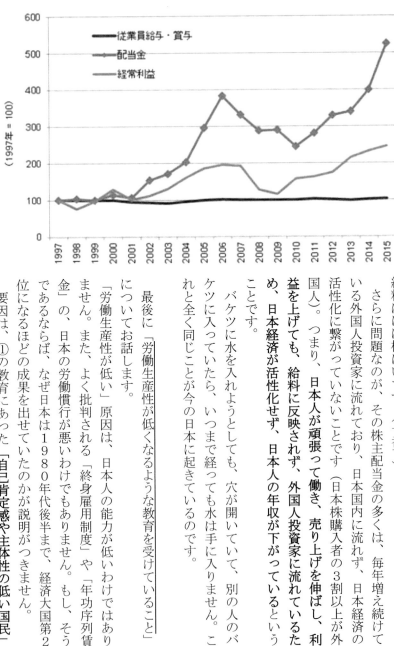

**を生み出す教育**にあります。

現在の学校教育は、詰め込みの偏差値教育により、第1章のような人間学も教えられず、本章のような日本や世界の現状・歴史・未来を考えて、夢や志を持つ機会もありません。そんな状態では「自分は何がしたくて、何を強みに、どう生きていけばいいか」がわからなくなります。

そして、自分のやりたい仕事を満足に選べず、又は選ぼうとしないため、「やりたくて仕事をする」のではなく「お金を得るためだけに仕事をする」という状態で働く人が多くなります。

「より良いものを生み出そう」というよりは、「言われたことだけをすればいい」というモチベーションで働くようになるため、イノベーションが生まれず、生産性も低くなり、日本経済の低迷に繋がっているのではないでしょうか。

以上、「増税」にしても、「富を海外に流出する仕組み」も、「労働生産性が低くなる教育」にしても、なぜ、こんなバカげたことが、まかり通っているのか？　なぜ、政治家・官僚・経営者の方々は手を打たず、むしろ進めているのかは、次節の歴史で明確になります。

そして、経済が低迷することで、少子高齢化及び防衛力の低下を招き、日本の明るい未来が描けなくなっているのです。

**④日本の独立を危うくする少子高齢化の促進・防衛力の低下（少子高齢化・安全保障）**

日本経済が活性化せず、税負担が増えて、国民の使えるお金が減ることにより、少子高齢化が促進されていきます。

次頁図をご覧ください。

国民負担率が高くなるほど、婚姻数・出生数が減少していることがわかります。（令和5年産経新聞）もちろん、お金だけで結婚するかどうか、子供を育てる・育てないが、決まるわけではありません。しかし、生活が豊かになれば、心も時間にもゆとりができて、結婚や子育てを考えやすくなることは、間違いありません。

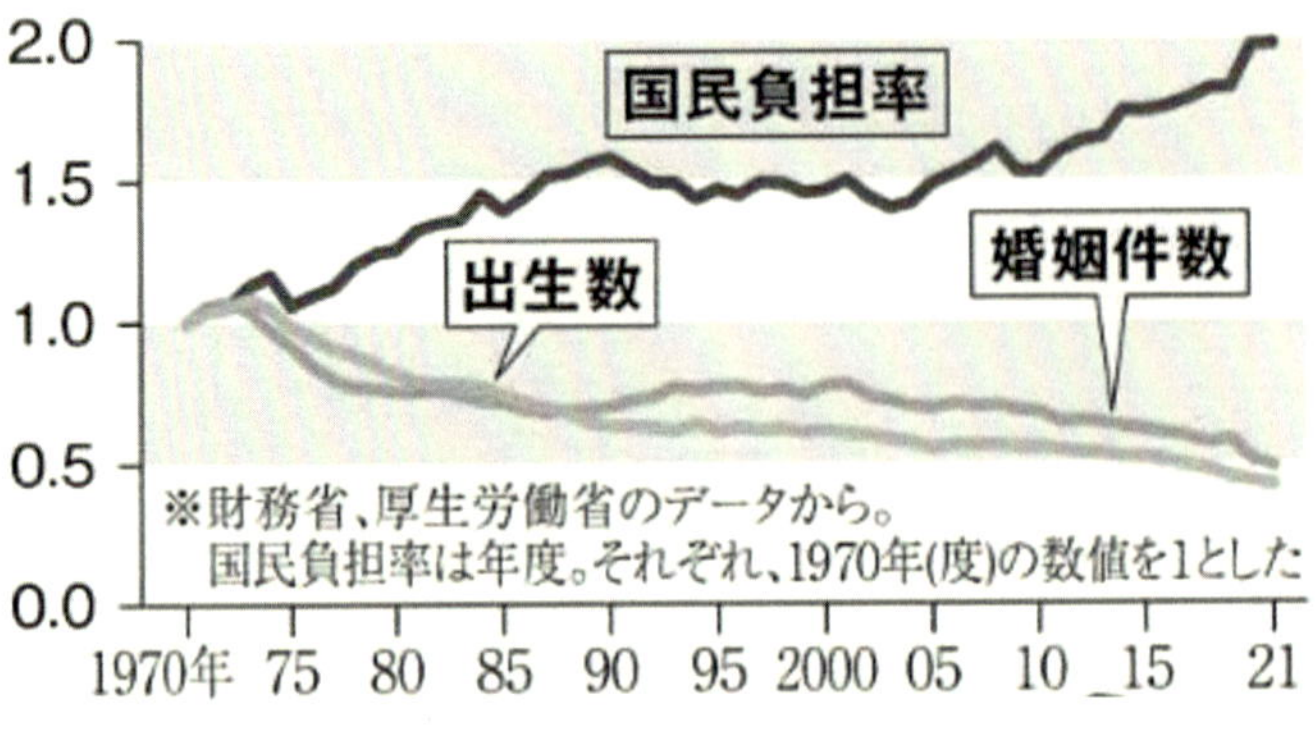


そして、少子高齢化が促進されると、社会保障制度が成り立たなくなり、老後に生活できなくなる方や病院に行けなくなる方が増えて、格差がさらに拡大し、治安もさらに悪くなるでしょう。

さらに、人口減少が進めば進むほど、経済力だけでなく、防衛力も低下していきます。

日本の陸・海・空の自衛官は合わせて、約25万人です。『13歳からのくにまもり』（倉山満著　扶桑社）という本には、日本の重要防護施設（原発など）を守るためには32万人、日本国土全体を守るためには、50万人の陸上兵力が必要である旨、記述されています。

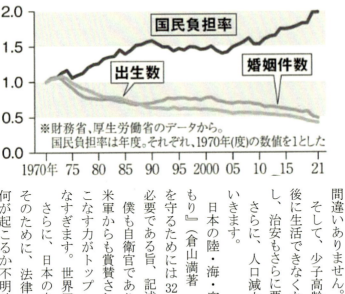

僕も自衛官であり、隊員を間近で見てきたからわかります。日本の自衛隊は、米軍からも賞賛されるほどに優秀です。命令を素早く・確実に・高いレベルでこなす力がトップレベルです。しかし、人の数も含め、装備品があまりにも少なすぎます。世界軍事費ランキングでも、各国と比較して、圧倒的に低いです。

さらに、日本の自衛隊は軍隊ではないため、法体系が、国内警察と同じです。そのために、法律に書かれていることしかできないため、（ポジティブリスト）何が起こるか不明確な戦場で戦える法体系になっていないのです。書いてあることはやっていけないけど、それ以外はやって良いという、「ネガティブリスト」と呼ばれる法体系にしなければ、戦場で戦えないのです。

つまり、日本の自衛隊は、**人や物量だけでなく、法体系においても、いざという時に、日本を護れる状態ではない**のです。隊員はスキルが高く、優秀であり、命がけで戦う覚悟も有しているのに、本当に嘆かわしいことです。

「別に防衛力が低くても、正直、自分たちに関係ないし、ピンとこない」と思う方もいるでしょう。

しかし、日本がＧＡＦＡ（グーグルGoogle、アップルApple、フェイスブックFacebook、アマゾン・ドット・コムAmazon）になりそこねた要因が、**「防衛力が低く、米国に自国の防衛を依存していたこと」**だとしたら、どうでしょうか。

日本は１９８０年代まで、半導体産業において、日本一国で世界の半分のシェアを占めていました。当時の日本は、土地の時価総額で「アメリカが四つ買える」といわれていたくらい、急激に力をつけていました。

米国としても、日本に対して危機感を抱きます。そして、１９８６年に「日米半導体協定」により、**米国から一方的に半導体を輸出する量や値段を制限されてから、日本の半導体産業は衰退**したのです。

長尾たかし衆議院議員は、ウエブサイトで、米国に対して以下のように語っています（『近世日本は超大国だった』草間洋一著　ハート出版　抜粋）。

**「要は技術立国日本を確立するための予算を、公共投資に投じてしまった。おかげで日本のお家芸である、技術開発が国際的に遅れをとってしまった。情報ハイウェイ構想等、アメリカにパクられてしまった。旧態依然のモノづくりに、日本を封じ込めるアメリカのやり方が許せなかった」**

前記のように、半導体に限らず、なぜ、米国から一方的に、予算の使い道や、販売量・値段等を決められなければいけないのでしょうか？　なぜ、「我が国のことに首を突っ込まないで頂きたい」と言えないのでしょうか？

それは、**「言うこと聞かないと、守ってやらないぞ」と言われれば、逆らえないから**です。

つまり、防衛力がなければ、経済に関わらず、**他国の都合に振り回されてしまい、日本人の利益や国益を損なうことに繋がる**ということが、今まで歩んできた歴史や現在の日本の状況によって、証明されているのです。さらに日本は、食糧も依存（食糧自給率38％→実際は種も輸入しているため、もっと低い）しています。

そして、中国人に北海道を中心に、水源等の日本の資源を買われ、（中国には国防動員法という、有事になれば、中国人の資産は、国が使えるという法律がある）さらに立場を弱くし、好き勝手にされる亡国への道を歩んでいるのです。

## ①明るい未来が描けない日本（日本のミライ）

このまま何もしなければ、自己肯定感や主体性が低く、政治的無関心な国民が増え続け、国益を貫けない政治家も増え続けるでしょう。そして、経済もどんどん衰退し、人口も減り、若者も減り、国力が低下していきます。

(注)米国防総省の資料などから作成

北朝鮮は相変わらず、ミサイルを打つことを辞めません。中国は日本固有の領土である、尖閣諸島への侵入を繰り返しています。実は中国は、「防衛戦略ライン」を作成し、その第一列島線は、日本固有の領土である「尖閣諸島」を含め、第二列島線は、沖縄どころか小笠原諸島まで含めています。（令和4年　日本経済新聞）日本に断りもなく、勝手に日本の領土や領海を列島線に含めているということは、**「あわよくば自分たちのもの**

**にしよう」**と考えていることと同じです。現に南シナ海にて、フィリピンの領土に対し、勝手に工事をはじめ、実効支配しています。

にわかに信じられず、誇大妄想だと思われるかもしれませんが、事実です。そんな中、頼みの綱である米国は、アフガンから撤退し、ウクライナを手助けできなくなるくらい、影響力がなくなってきている中で、未来にて、本当に日本を守ってくれるのでしょうか。

さらに国内では、外国人労働者がどんどん入ってきていますが、埼玉県川口市民がクルド人による犯罪に巻き込まれ、自警団をつくる事態になるほど、日本の治安が脅かされています。土葬がしにくい日本に対して、非難する声が高まるなど、日本の伝統・文化も否定されつつあります。

このまま何もしなければ、確実に、今の子供たちが大人になるときに、**「お金に苦労し、安全安心が脅かされ、日本らしさも感じられない無機質な日本」**で、暮らす未来を遺すことになります。

少子高齢化になることは１９７０年代からわかっていたことです。若者が自分を肯定できない教育になっていることも、僕らの所得が30年間上がらないことも「政治」が大きく関係していることは明らかです。

しかし、それらは、僕ら国民が政治に無関心でいた結果引き起こされたものでもあります。

**「政治には無関心でいられるけど、無関係ではいられない」**のです。

これからは、世の中に目を向けて、自分の強みを最大限に活かし、自分のため・人のため・世の中のために、学び・成長・幸動し続けることが大切なのではないでしょうか。

ここまで後ろ向きのお話を聞くと、氣が滅入ってくるかと思います。しかし、**【はじめに】**でもお話させて頂きましたが、幕末の時は、隣国清が、英国にアヘン戦争を仕掛けられて、植民地支配される中で、次は日本が同じように植民地支配される危機でありました。そして大東亜戦争の時、空襲に加え、原爆を落とされて戦争に負け、

ＧＨＱ（連合国軍総司令部）の占領政策により、２６００年以上続いてきた日本存続の危機もありました。

しかし、その危機を、乗り越えるどころか、**チャンスに変えて、近代国家の仲間入りを果たし、経済大国へと発展してきたのが、日本**です。しかも、その担い手はいずれも、**夢や志を持って、自分の強みを最大限に発揮して、社会で輝いた名もなき人々**です。

名だたる政治家・経営者・官僚の方々だけで厳しいのであれば、日本の人口の大多数を占める、**名もなき僕らが、夢や志を持って、それぞれのおかれた立場で、強みを最大限に発揮して、輝けば良い**のです。

なぜなら、それで、**日本の危機を乗り越えることができたことを、二度の歴史やご先祖様が証明して下さっているから**です。自分の人生を最大限に輝かせながら、より良い日本を未来に繋ぐために、「自分が何をしたいのか、何ができるのか、何をするべきなのか」を、次節の「感動と切なさに溢れる日本ストーリー」で学んでいきましょう。

## 第３節　やる氣と勇氣が沸いてくる！「感動と切なさに溢れる、日本ストーリー」

第２節で「日本のリアル」（日本の現状）についてお話をさせて頂きました。恐らく、読めば読むほど、「どうして、日本が他の国々からの好感度が高いぐらいの素敵な特徴があるのか？」「どうして、前節のような課題が日本にあって、解決できないのか？」など、疑問がたくさん湧いてきたかと思います。

その答えが正に、僕らのご先祖様が、紀元前６６０年から２６８５年繋いでくださった「感動と切なさに溢れる日本ストーリー」（日本の歴史）にあります。そして、僕らの「夢や志を具体化させるヒント」が、この節に詰まっているのです。

僕がそのことに氣づくきっかけを下さったのが、26歳の時に、自衛官退職の相談に載って下さった、自衛官の戦闘技術を学ぶ学校の教官でした。

「理想の自分・人生」の方向性を確立し、世の中のことを知れば知るほど、「夢や志を持った日本人を増やす教育こそが、今の日本に必要であり、僕にできることではないか？」と思うようになりました。そんなときに、戦闘技術を学ぶ学校に勤務していた僕を心配して下さった教官が、僕の今後の進路について相談に載って下さったのです。

**教官：** 星はどうして、自衛官になったんだ？

**星：** 人の役に立てると思ったことと、若くてリーダーになれることが、かっこ良いと思ったこと、社会的地位や収入も安定している点に、魅力を感じたらだと思います。

**教官：** そうか。星は日本が好きか？ 日本を守りたいと思わないのか？

**星：** 申し訳ございません。正直僕は、日本が好き・国を愛するということが、よくわかりません。嫌いでもないのですが、とにかくその感覚がよくわかりません。

当時の部屋の状況

今振り返ってみると、「よくこんなことを言ったな〜」と思います。教官は、防衛大学に入学され、幹部自衛官に任官し、20年間勤められている方です。誇りを持って勤務されている方に大変失礼だったと思いますが、それくらい悩んでいたのでしょう。藁をも掴む氣持ちで、ヒントが欲しくて、正直に自分の氣持ちを伝えました。正直、殴られるかなと思っていましたが、僕の目をじっと

見て、静かに諭すように、教官は仰いました。

**教官：それはね、仕方ないんだよ。君はね、GHQ（連合国軍総司令部）の占領政策により、国を愛せなくなっているんだ。だからね、仕方ないんだよ。**

僕は教官から言われたことが、よくわからないまま、教官室を後にしました。

「怒られなかったのはよかったけど、どういうことだ？ そもそも、GHQってなんだ？ 国を愛せなくなっている？ ってなんだ？」

当時の僕の歴史認識は、以下の通りです。

◆戦国時代までの日本の歴史は、よくわからない。

◆戦国時代は、織田信長が我欲で天下統一を企み、お調子者の豊臣秀吉が天下をとって、徳川家康が江戸幕府を開いた。

◆幕末は、大河ドラマで見ていたから、「新撰組」や「吉田松陰先生」が好き。

◆明治になって、日清・日露戦争で勝ち、知らない間に軍部が暴走し始めて、軍国主義日本が米国に真珠湾攻撃を仕掛け、無謀な作戦で戦い続けたから、負けた。

◆米国は、「発展が遅れた日本」を先進国にしてくれた恩人であり、今も友好な同盟国

26歳当時の僕は両親の影響で、14歳の時に大河ドラマを見ていたくらいで、自分から進んで、歴史を学んだことがありませんでした。学校の「社会科の歴史教育」を受けてきて、夏の戦争ドラマを見てきたぐらいです。だからこそ、このような歴史観になっており、読者の皆さまにも、共感頂ける点もあるのではないでしょうか。

しかし、教官から言われたことが、どうしても引っ掛かっていました。

「日本が好きになれたら、教官や先輩のように、本当にやりたい！と思える『志事』をみつけて、社会で輝けるようになれるかもしれない」

そう考えてから、たくさんの日本の歴史が書かれている本を読んだり、歴史が好きな同期の幹部自衛官と休日に研究会を開いて、発表し合うことをやってみました。

そうしたら、今まで知らなかった、日本の素敵なところを、たくさん知ることができました。

また、なぜ、僕が「夢や志を持てず、苦しんできたのか？」「なぜ日本はおかしくなってきたのか？」など、疑問点がどんどん解消されていきました。そして、学ぶ素晴らしさに感動するとともに、哀しくもあり、切なくもあり、怒りも湧き上がってきたのです。

「どうして、もっと早く勉強してこなかったんだろう」「なぜ、学校教育でこの見方を教えてくれなかったんだろう」「小さい時からこの見方ができていたら、人生変わっていたのかな…」

新宿のある大型の本屋で、たくさんの素晴らしい本に囲まれながら、茫然自失で立ちすくんでいたことを、今でも覚えています。それでも、だからこそ、「今からでも、もっと勉強したい！」「もっと夢や志、実現アクションを具体化させたい！」「そして、どんどん伝えたい！」と思うようになったのです。

この節では、「感動と切なさに溢れる日本ストーリー」（日本の歴史）を３つに分けて、お話します。

①「僕が、日本を好きになれたストーリー」
②「現在の日本の危機に繋がるストーリー」
③「現在の日本の課題解決に繋がるストーリー」

はじめに、①**「僕が、日本を好きになれたストーリー」**についてお話します。

◆天皇が国民を「大御宝《おおみたから》」と愛しんでくださり、国民が応える形（君民一体という國體《こくたい》（国の特性））により、比較的争いが少なかったということ。

少し難しい言葉が出てきたので、他国と比較してみましょう。

僕は母親の影響で、『ベルサイユのばら』（池田理代子 著 集英社）（フランス革命前から革命前期のベルサイユを舞台に、男装の麗人オスカルとフランス王妃マリー・アントワネットらの人生を描く、フィクション作品）を読んでいました。目がキラキラした典型的な少女漫画ですが、フランス革命期のフランスをイメージアップできる素敵な作品です（実際に、最近アニメ化・映画化されています。２０２５年公開）。

仁徳天皇の「民のかまど」の伝承を描いた絵画

当時のフランスは、アメリカ独立戦争に参加して、国内の財政が火の車でした。民衆が貧しく・苦しむ中でも手を打たず、ぜいたくな暮らしをしていた、ルイ16世やマリー・アントワネットは国を捨て、オーストリアに亡命しようと画策（バレンヌ逃亡事件）します。しかし、民衆に見つかり、国王・王妃ともに、処刑されてしまいます。その後もフランスは、ロベスピエールの独裁など、国は乱れ続け、数十万を超える犠牲者を出しました。

一方で、**日本の天皇**はどうでしょうか。第16代仁徳天皇の**「民のかまど」**というお話をご紹介します。

ある時、仁徳天皇が高い山に登って民の暮らしを見渡したところ、炊煙が立ち上っていない家を見つけました。これに対して、仁徳天皇は、この地域には水が少なく、災害や飢饉に見舞われていることが原因で、人々が食べるものを十分に得られないために、炊煙が立ち上がっていないのだろうと推測しました。そこで彼は、租税を免除して、民の負担を軽減し、生活が豊かになるまで、お金を徴収しないことを約束しました（約3年間）。

その結果、民は豊かになり、煙が上がるようになりました。一方で仁徳天皇の家は税を徴収せず、整備をしていなかったため、ぼろぼろになってしまいました。「今こそ恩を返す時だ！」と考えた民は、仁徳天皇の家を直し、恩を返しました。

さらに大東亜戦争後の「昭和天皇とマッカーサー元帥の会見」もご紹介します。

ＧＨＱのマッカーサーは、戦争に負けた日本の昭和天皇が命乞いすると考えていました。なぜなら、先例のフランスだけでなく、世界各国の王は、自分の都合が悪くなったら、国を見捨てるのが当たり前だったからです。

しかし、昭和天皇は以下のように、マッカーサーにお話しします。

**「戦争に関する責任はこの私にあります。いかなる極刑に処されても、いつでも応ずるだけの覚悟があります。しかしながら、罪なき八千万の国民が、住む家がなく、着るに衣なく、食べるに食なき姿において、深憂に耐えんものがあります。温かき閣下のご配慮を待ちまして、国民たちの衣食住の点のみにご高配を賜られますよう」**

この言葉を聞いたマッカーサーは、以下の言葉を残しています。

**「大きな感動が私をゆさぶった。死をともなう責任、それも私の知る限り、明らかに天皇に帰すべきでない責任を、進んで引き受けようとする態度に、私は激しい感動をおぼえた。私は、すぐ前にいる天皇が、一人の人間としても日本で最高の紳士であると思った」**（『マッカーサー回顧録』昭和38年）

マッカーサー・昭和天皇

**日本の天皇は、国民を「大御宝」と愛しんでくださっているため、困っている国民に手を差し伸べて下さったり、見捨てたりせず、時には自らの命を捨て、守って下さる方**なのです。

それは、世界の王の歴史の歩みが証明しているように、当たり前のことではないのです。もし仁徳天皇が、自分のことばかり考え、苦しんでいる国民から税をとり続けていたら…フランス革命のように、国民が暴動を起こし、多くの人が殺し合うような悲惨な歴史が生まれていたかもしれません。もし昭和天皇が、国民を見捨てる方だったとしたら、天皇は処刑され、日本は間違いなく、連合国により分割統治され、今頃、ロシア・米国・中国の自治区のようになり、日本は滅亡していたでしょう。

昭和天皇の人徳及び国民が天皇を慕う「國體」（君民一体）だったからこそ、マッカーサーは天皇を処刑したら、国内が乱れ、占領政策に支障が出ると考えました。そして、ソ連の共産主義思想に日本が飲み込まれ、敵対する可能性があるとも考えたからこそ、昭和天皇を処刑せず、日本は存続したのです。

ご紹介したお話だけではありません。

戦国時代で、大名は力を持っても、幕末に徳川側と新政府側（西郷隆盛など）にて、国内が分断したときも、天皇にうって変わることはありませんでした。むしろ、天皇を中心に、国をまとめようと考え、だれがその役を担うかで、争ったにすぎませんでした。そのこともあり、日本の内戦は1万人以上なくなったことはないのです。（フランス革命では数十万人、米国の南北戦争では約62万人です）

なぜかといえば、天皇への敬意は、もちろんありました。それだけでなく、仮に自分たちが、うって変わっても、国民が納得しないという打算的な理由もあったのではないでしょうか？

つまり、**天皇が国民を愛しみ、国民もその愛に応える形で、運営されてきたからこそ、国内の争いにより多大な犠牲を出し、滅亡することなく、他国からも守られてきた**といえるのではないでしょうか。世界各国の歴史をみると、国王が権力も権威も持つからこそ、民が顧みられず、革命などの紛争が起こり、国が滅亡してきたことが言えます。

しかし、天皇は権力をあえて持たず、権威にとどまり、権力を別の統治者に譲る（幕府や政府など）という、**「争いが生まれない仕組み」**をつくって下さったのです。だからこそ、日本は紀元前６６０年から、２６８５年の間、**内紛で滅びることなく、外敵からも護られて存続し、現代に活きる僕らが、豊かに安全安心に暮らせている**のです。

新型コロナ騒動により、国民が苦しんでいることに鑑み、令和３年（２０２１年）に、愛子内親王が、成年の儀に装飾されるティアラを新調せず、黒田清子さん（元皇族）からお借りしたというお話がありました。

現代の皇室にも「国民を大御宝」とする國體は、受け継がれているのです。このことを学んだ時に、次記のように感激したのです。

「天皇は、なんて素晴らしく・尊い方なんだろう！」「こんな素晴らしく・尊い方が納める日本は、なんて素敵な国なんだろう！」**「争いをなくすための素晴らしい仕組み・国の形がある日本だからこそ、世界のためにできることがあるんじゃないのか！」**

もう、「感動」と「誇らしさ」と「希望」でいっぱいです！

◆どんなことがあっても、「人を思いやる美しい心」（和の精神）

「落とし物があったら交番に届ける」

「人が嫌がることをしない」

「自分のことばかり考えるのではなく、人のことを考える」

日本で生まれ育ち、日本で暮らしていると、当たり前にしか感じません。

しかし、講演家の津田紘彰《つだひろあき》さんの「東日本大震災の時の日本人」について、ドイツ人がどう感じたかのお話を聞いてから、その当たり前が、日本の素敵な魅力であることに氣づきました。

津田さんのドイツ人であるご友人が、東日本大震災の時の日本人について、以下のようにお話されたそうです。

（令和元年（２０１９）講演『魂に火をつける』より）

**「今まで、自分達ゲルマン民族が一番だと思っていたけど、今は日本人には勝てないと思っているんだ」**
**「どうして日本人は、自分がどうなるかもわからない状態で、列をつくって並んだり、我先にと奪うことなく、子供に譲ったりするんだ？」**
**「俺が同じ状態だったら、暴力ふるってでも、奪ってしまうかもしれない」**
**「日本人みたいな、優しい人たちが世界で増えていったらいいのにな…」**

そして、落とし物が返ってくることについても、多くの外国人の方が、信じられないこととして、紹介してくれています。震災のお話も、僕は実際に宮城県で被災し、断水していた時期に水道局で並んでいたのでよくわかりますが、誰一人として横入りすることもありませんでした。また、水がなくなって、別の場所や時間帯に回されたとしても、誰一人として人から奪うどころか、不平不満を露わにする方もいませんでした。
さらに、落とし物について、僕が約３００名の就活生の方々に、オンラインで自己分析したときに、ある質問をした時のことです。

「落とし物があったらどうしますか」と訊いたら、ほぼ全員が間髪入れずに、「交番に届けます」と言っていました。１人だけ、１０００円以下の少額なら、面倒だから自分の物にするかもと答えていました（笑）。

恐らく、ここまで読まれたほとんどの方は、「当たり前だと思っていたのに、こんなにすごいって思われているんだ…」と、思われているのではないでしょうか？　そして、**そのこと自体がとてつもなく凄いこと**なのです！　先ほどの津田さんのご講演に登場されたドイツの方が、「日本人みたいな優しい人が、世界で増えればいいのにな」と仰っておりました。つまり、そのことは、**「世界から争いをなくす可能性が日本人にある！」**ということであり、とてつもない可能性に、ワクワクがとまらなくなりませんか？

それでは、なぜ、当たり前にできるほどのＤＮＡレベルにまで、その「思いやりの心」が受け継がれてきたのでしょうか。

まず、日本の恵まれた地形や氣象環境に要因があります。

日本は四季があり、自然も豊かで、生物も暮らしやすく、作物も育ちやすいのです。さらに、海に囲まれており、他国から侵略されにくかったのです。ただし、地震大国と言われるように、災害の多い国でもありました。

しかし、そういった環境だからこそ、太陽をはじめ、自然の恵みに感謝し、**他人と争うのではなく、助け合うことを大切に、暮らしてきた**のではないでしょうか？　現に縄文時代は、槍が刺さっていない人骨しか発見されていない事実からも、約１万６千年間、争いなく暮らしてきたことが言えるでしょう。食事をする前に「いただきます」と、命を頂くことに**感謝の心を持つ習慣**も、現代に引き継がれています。

自分達だけの力で生きているのではない。**自然の恵みや他生物の命に活かされている。**

そして、日本の最高神は天照大御神《アマテラスオオミカミ》という女性の太陽神です。**太陽や命を生み出す女性への畏敬の念**が込められています。日本は女性を大切にする国です。日本では女性を虐げ、奴隷にしたことはありません。（世界各国は奴隷にしてきた歴史があります）むしろ、平安時代の紫式部をはじめ、女性が日本固有の文化を担ってきた歴史があります。

19世紀大英帝国（イギリス）の探検家イザベラバードは、江戸時代の日本を訪れた際の記録『日本奥地紀行』にて、次記のように記しています。

**「世界中で日本ほど婦人が危険な目にも無作法な目にも合わず、まったく安全に旅行できる国はないと信じている」「ヨーロッパの多くの国々や、わがイギリスでも地方によっては、外国の服装をした女性の一人旅は、実際の危害を受けるまではゆかなくとも、無礼や侮辱の仕打ちにあったり、お金をゆすり盗られるであろうが、ここでは、私は一度も失礼な目にも過当な料金を取られた例もない」**

イザベラバード

よく、戦争ドラマで、旦那さんが奥さんに威張っているシーンをおおっぴらに出して、女性を虐げてきたような印象を抱かせることがあります。もちろん、各個人で見たら、そういう家庭もあったでしょう。しかし、古来、「身体能力の高い男性が、狩りに出て、獲物を採ってきて、感性が豊かで、きめこまやかな配慮が得意な女性が、家庭を整える」という**「お互いの強みに基づき、役割分担し活きていくこと」**を大事にしてきた側面もあります。

つまり、役割に基づき「区別」していただけで、「差別」をしていたわけではないのです。それをいかにも、一部の部分だけ切り取って、誇張して教科書やドラマにて偏った表現をして、日本は女性を差別してきたという視点しか抱かせないことには大いに疑問があります。

これは、男性・女性のお話に限らず、武士・商人・農民にも同じことが言えます。確かに個別で見ると、徳のない武士が、商人や農民を卑しく見ていたこともあるでしょう。

しかし、ある別の視点で考えると、江戸時代に庶民が文化をつくっていたことや、武士よりも農民の方が豊かな暮らしをしていたことなどを踏まえると、役割に基づく「階層」はあっても、絶対に動かせないほどの厳格な「階級」というものはなかったのではないでしょうか？

現に、戦国時代の豊臣秀吉、新撰組局長の近藤勇・副長土方歳三、伊藤博文など、みんな農民から、武士や政治の要職（秀吉に至っては関白）に就いています。このような事実からも日本は、**「それぞれを尊重し、活かし合い、発展してきた国」という視点でも捉えることができる**のではないでしょうか。

そして、その根源にあるのは、自然豊かに、安全安心が確保された環境から培われた、**「お互いを思いやり、尊重し、助け合う和の精神」**ではないでしょうか？そして、その精神は、２６８５年間、途絶えることなく、現代に活きる僕らに確実に受け継がれ、**世界を平和に導ける無限の可能性**を秘めているのです。

そう考えると改めて、日本人に生まれたことに感謝の想いや誇りが沸いてきませんか？肯定的な見方だけを伝えるのも、傲慢な見方しかできなくなるのでいけません。しかし、現在の学校教育・メディアのように、一方的に「日本って駄目な国だったんだ」という視点しか伝えなければ、自分にも人にも世の中にも、肯定的な見方ができず、関心も持てません。

正に前節でお伝えしました「18歳の意識調査」にも如実に反映されています。実際に僕自身も、自己肯定感が低くなり、政治や社会に無関心になり、夢や志を持てなかったのです。自分が生まれ育った日本や血を受け継いでいる先人を肯定できれば、**「自分は富士山のように立派な日本人だから、何があっても大丈夫！」**と**「絶対になくなることのない、根拠のない自信」**を持てるようになります。

そして、自分自身も、自分の夢や志も、幸動も肯定できるようになり、夢や志を持って、堂々と活きることができるようになるのです。

◆愛と正義に基づき、大切なものを守るために、誇り高く活きる先人の活き様（武士道）

日本の歴史には多くの、自らの身を顧みず、人や国の幸せに尽くす先人が、登場します。

例えば、大伴部博麻《おおともべのはかま》という人物は、飛鳥時代の兵士で、白村江の戦い（661年に百済《くだら》を助けるための唐との戦い）にて、唐に捕らえられてしまいました。仲間数名と一緒に捕らわれた、大伴部博麻は、唐の軍隊が、日本襲来を計画していることを知り、日本へ知らせなくてはいけないと考えていました。

しかし、その旅費がなかったため、仲間に、**「自分を奴隷に売って、その金を旅費にし、日本へ危機を知らせてくれ！」**と懇願します。そして、4人の仲間は無事に日本に帰り、襲来計画を知った天智天皇は、大宰府の防備を強化し、日本が護られたのです。

さらに、同じような行動を取った、女性の先人もいます。明治時代に、外国で娼婦として働いた「からゆきさん」という方々がいます。

九州の漁村を中心に海外に出稼ぎにいっていました（売られたとの側面もある）。アフリカのマダガスカルにいた「からゆきさん」が日露戦争の時に、バルチック艦隊が日本に向かうことを目撃し、日本本国へと通報したのです。「からゆきさん」に関しては、悲惨な視点もありますが、だからこそ、素晴らしい行動をとった、「からゆきさん」の視点も知ることが大切ではないでしょうか。

このバルチック艦隊を目撃して通報したお話は、宮古島の久松五勇士をはじ

め、数多く語られています。これらのお話ですごいのは、古代から明治にかけて、みんな**「名もなき庶民であった」**ということです。兵士はもちろんのこと、娼婦として働かれていた方々や久松五勇士のように通りすがりの若者まで、自分の愛する家族・地域・国を守るために、最善の行動を取りました。

そして、そのことに感動した、日露戦争時の時に捕虜として連れてこられた、「トランペドール」というユダヤ人は、庶民に至るまで誇りを持って活きる日本人をみて、ユダヤの国をこんな誇りを持てる国にしたいと思っていました。彼が亡くなったときの遺品に、「ユダヤ国家は日本みたいな誇り高い国になるべきだ」と、刻まれていたそうです。

そして、僕が心を打たれたのが、大東亜戦争の時にインドネシアを統治された、「今村均《いまむらひとし》陸軍大将」のお話です。今村均陸軍大将は、当時オランダの植民地支配を受けていたインドネシアを統治する際に、インドネシア人のための独立義勇軍を組織したり、政治や行政の役割を、インドネシア人に与えていました。

また、インドネシアでとれる石油を、オランダ支配の時の倍以上で取引したり、現地住民が困らない範囲で、現地でとれた白木綿の貿易を行っていました。

普通に考えれば、統治している立場からすると、反乱される危険性もあるため、オランダをはじめ、当時、植民地支配していた西洋諸国はこのような統治はしていません。

そのことを不思議に感じた、インドネシアの長老は、「どうしてこんなに良くしてくれるのか？」と訊きました。

今村均陸軍大将は、**「我らの祖先は、インドネシアからの移民もいます。わたしたちは兄弟であり、あなたがたに**

**自由を得させるためにオランダ軍と戦うのです」**と答えられました。そういった統治をしていた今村陸軍大将が、オーストラリア軍に捕まって、獄にいたとき、現地のインドネシア人が歌を歌って励ましてくれたり、現地の日本人兵士のことも助けてくれました。

そして、第二次世界大戦・大東亜戦争が集結し、オランダが植民地の復活を画策します。それに対し、インドネシアは日本がつくってくれた独立軍を組織して戦おうとしたところ、なんと日本人兵士約１０００人以上が一緒に戦うというのです。

自分の命のことだけを考えたら、日本人兵士は戦う必要はありません。むしろ、やっと戦争が終わって、日本に帰れるのだから、普通は帰るはずです。しかし、お世話になった御恩を返すために、インドネシア人と一緒に戦う決意して、一緒に独立戦争を戦い抜き、見事に独立を勝ち取ったのです。

インドネシアにある日本軍の銅像

こういったお話は、インドネシアだけでなく、インドもパラオもそうでした。

これらのことにより、**植民地というものがなくなり**、民族自決が実現されたのです。

そういった国々は、国旗のデザイン・銅像という形で、今でも日本に感謝の意を表されるとともに、インドでは建国記念日の演説に、日本への感謝を述べています。

確かに、自己犠牲という見方もできます。その見方は否定しませんし、僕も一方的にすべてを肯定するつもりもありません。

しかし、こういった正義と愛に基づき、**自分の命を超えて護るべきものに価値を見出し、活ききった先人の方々のおかげで、日本が護られ、世界各国から尊敬される、素敵な日本にて、僕らは幸せに暮らせていることも知る必要がある**のではないでしょうか。

※当時の国際連盟委員会の様子

と言っても、どんなに日本や日本人の素敵な一面を知っても、どうしても拭いきれなかった部分がありました。それが「軍部が暴走し、真珠湾攻撃を仕掛け、大東亜戦争を引き起こしたイメージ」です。基本的に学校教育でも、戦争ドラマも一貫して、この視点で伝えています。

しかし、僕が別の視点で考えられるきっかけになったのが、**日本が世界で初めて、大正８年（１９１９年）のパリ講和会議で、国際連盟の規約に「人種差別の撤廃に関する条項」を盛り込むことを提案した**ことです。

この背景としてあるのは、ヨーロッパ諸国の有色人種に対する植民地支配の歴史です。今から約６００年前からはじまった、「大航海時代」で有名なことは、イタリア人のコロンブスがインドを目指して、アメリカ大陸に到達したお話ではないでしょうか。

しかし、そもそもこの大航海の目的が、スペインのイザベル女王が香辛料を欲しがって、アジアの国々を植民地にするということでした。このコロンブスの航海をきっかけに、アメリカ大陸・アフリカ大陸・アジアに進出し、植民地が生まれました。

ヨーロッパ諸国から見れば、新天地の開拓であり、「大航海」時代と言えます。

しかし、原住民の視点から見れば、虐殺されたり、奴隷にされているため、「大侵略時代」と教えている国もあります。

日本にもその流れで、戦国時代にフランシスコ・ザビエルが宣教師として日本に訪れます。当時は、戦国時代であり、武士の戦闘力の高さや日本人の徳の高さを知り、容易に侵略できないことを本国に報告しています。

しかし、キリスト教が日本に広まり、キリシタン大名を通じて、日本人が奴隷として、売られることもありました。

そのことを憂いた豊臣秀吉は、バテレン追放令を出して、キリスト教の布教を通じての侵略を阻止し、徳川家康の江戸時代にも引き継がれます。そう考えてみると、排他的だと教わったバテレン追放令も、江戸幕府の鎖国政策も、**「ヨーロッパ諸国から日本を守るため」という側面**も見えてきて、**新しい捉え方**ができるようになります。

だからこそ、世界の出来事と並行して、国内の歴史をみていかないと、偏った視点・捉え方しかできなくなり、**学びも成長も限定されてしまう**のです。

日本が鎖国している間、ヨーロッパ諸国はイギリスの産業革命を経て技術力を高め、植民地支配を拡大し、国力を高めていきます。明治のころには、アジアで侵略されていない国は、タイと日本ぐらいでした。

そう考えると、清がアヘン戦争に負けて、植民地支配されたことに対し、危機感を覚え、必死に日本を西洋諸国に負けない国にするために、尽力して下さった、幕末や明治の先人の方々には、本当に感謝です。（明治維新のすべてが良かったわけではありませんが、日本を守ってくださったことには感謝するべきだと考えます）

いつ侵略されてもおかしくない状態から、約30年で急速に、日本は力をつけていきます。

幕末の時に結ばされた、不平等条約を改正し、近代国家日本を世界に認めさせ、日本の独立を守るために、必死にみんなが努力したのです。日清戦争も朝鮮の統治も、我欲に基づく、領土拡大が目的という視点だけではないのです。

当時、**日本はロシアの脅威からいかに自国を守るか**を考えなくてはいけませんでした。日本が懸念していたのは、清や朝鮮の国内が乱れていたら、そこをロシアに付け込まれて支配され、**日本侵略の橋頭保にされてしまう**ことでした。

当時の清は、西洋諸国に分割支配されて国内が乱れており、朝鮮も賄賂が横行していたり、衛生状態も悪く、国内が治まっていなかったのです。だからこそ、日本は清や朝鮮に、学校をつくったり、道路や水道を整備し、独立国として機能するように支援していたのです。

その証拠に、日本統治時代を語る中国の方や朝鮮の方々は、「日本統治時代の方がよかった」という証言もあります。

さらに、先述の探検家イザベラバードは「朝鮮紀行」にて、日本統治についても、次記のように語っています。

**「不潔さでならぶもののなかったソウルは、いまや極東で一番清潔な都市に変わろうとしている」「路地には悪臭が漂い、冬にはあらゆる汚物が堆積し、くるぶしまで汚泥に埋まるほど、道のぬかるんでいた不潔さきわりない旧ソウルは、みるみる地表から姿を消そうとしている」**

もちろん、人によっては、「他人の国にやってきて、好き勝手やりやがって」と受け取る、当時の清の人や朝鮮の人もいたでしょう。しかし、**日本には日本の国防上も含めた理由があり、**それにより、**清も朝鮮も国として安定し、利益を享受した側面もある**のです。現に、日本が統治してきた、中国や韓国、東南アジア諸国は、現代でも発展し続ける一方、西洋諸国が植民地支配してきたアフリカ諸国等は発展途上国です。

その中で、いよいよ、日露戦争が勃発したものの、国民が一致団結し、なんとか日本が勝利をおさめ、国を守ることができました。

こういった、**白人諸国の植民地支配の歴史を踏まえ、日本は自分たちも含めた、「有色人種の国々を植民地支配から解放すること」**を目的に、差別禁止撤廃条項を盛り込むことを提案します。

しかし、白人の国々からすれば、数百年間、植民地支配により儲けてきたのに、それを放棄することはできません。そして、日清・日露戦争に勝利し、国力をつける有色人種の国、日本を危険視します。

その一環として、米国は「オレンジ計画」（1897年）という、日本との戦争を想定した計画を策定してます。

さらに、ここで大事なことは、ソ連の存在です。

日露戦争に負けて、日本に恨みを持っていたソ連は、コミンテルンという共産主義を掲げる組織を通じて、日本と米国が戦争をして、つぶし合うように、それぞれにスパイを送り込んでいたことが、「ヴェノナ文書」（平成7年⦅1995年⦆にアメリカで公開）を通じて、明らかになっています。

尾崎《おざき》秀実《ほつみ》のゾルゲ事件（昭和16年⦅1941年⦆）は教科書に出てきましたよね。さらに当時の日本陸軍や日本政府にもソ連のスパイがいて、米国との開戦になるよう暗躍していました。

米国のルーズベルト大統領の側近であり、日本に開戦を迫る「ハル・ノート」を作成した、「ハリー・ホワイト」もソ連のスパイであったことが確認されています。

ソ連としては、日本への恨みだけでなく、当時ドイツとも敵対し、西側に迫ってきている状況に対し、仮に日本が、東側から攻めてこられたら、挟み撃ちになってしまう状況でした。

そういった状況も相まって、日本と米国を戦争させなくてはいけなかったのです。

さらに、日本の軍人であり、硫黄島の戦いで、第二十七航空戦隊司令官として赴任され、戦死した市丸利之助中将が遺された、「ルーズベルトニ与フル書」というものに、以下の記述があります。

少し長いですが、世界情勢を踏まえた上で、日本を捉え、自分達の想いを

市丸利之助中将

必死に、訴えています。

はじめてこの文書を見た時に、視野の広さや見識の深さに惚れ惚しました。今までのお話してきた内容が、ダイジェストになっているので、ぜひご覧ください。

【ルーズベルトニ与フル書】

「日本海軍市丸少将が、フランクリン・ルーズベルト君に、この手紙を送ります。私はいま、この硫黄島での戦いを終わらせるにあたり、一言あなたに告げたいのです。

日本がペリー提督の下田入港を機として、世界と広く国交を結ぶようになっておよそ百年、この間、日本国の歩みとは、難儀を極め、自らが望んでいるわけでもないのに、日清、日露、第一次世界大戦、満州事変、支那事変を経て、不幸なことに貴国と交戦に至りました。

これについてあなたがたは、日本人は好戦的であるとか、これは黄色人種の禍である、あるいは日本軍閥の専断等としています。けれどそれは、思いもかけない的外れなものといわざるを得ません。

あなたは、真珠湾の不意打ちを対日戦争開戦の唯一の宣伝材料としていますが、日本が自滅から逃れるため、このような戦争を始めるところまで追い詰められた事情は、あなた自身が最もよく知っているところです。

畏れ多くも日本の天皇は、皇祖皇宗建国の大詔に明らかなように、養正（正義）重暉（明智）積慶（仁愛）を三綱とする八紘一宇という言葉で表現される国家統治計画に基づき、

地球上のあらゆる人々はその自らの分に従って、それぞれの郷土でむつまじく暮らし、恒久的な世界平和の確立を唯一の念願とされているに他なりません。

このことはかつて、「四方の海皆はらからと思ふ世になど波風の立ちさわぐらむ」という明治天皇の御製が、あなたの叔父であるセオドア・ルーズベルト閣下の感嘆を招いたことで、あなたもまた良く知っていることです。

わたしたち日本人にはいろいろな階級の人がいます。けれど私たち日本人は、様々な職業につきながら、この

天業を助けるために生きています。

私たち軍人もまた、干戈（かんか）をもって、この天業を広く推し進める助けをさせて頂いています。

私たちはいま、豊富な物量をたのみとした、貴下の空軍の爆撃や、艦砲射撃のもと、外形的には圧倒されていますが、精神的には充実し心地ますます明朗で歓喜に溢れています。

なぜならそれは、天業を助ける信念に燃える日本国民の共通の真理だからです。

けれどもその真理は、あなたやチャーチル殿には理解できないかもしれません。

私たちは、そんなあなた方の心の弱さを悲しく思い、一言したいのです。

あなた方のすることは、白人と、特にアングロサクソンによって世界の利益を独り占めにしようとし、有色人種をもって、その野望の前に奴隷としようとするものに他なりません。

そのためにあなた方は、奸策をもって有色人種を騙し、いわゆる「悪意ある善政」によって彼らから考える力を奪い、無力にしようとしてきました。

近世になって、日本があなた方の野望に抵抗して、有色人種、ことに東洋民族をして、あなた方の束縛から解放しようとすると、あなた方は日本の真意を少しも理解しようとせず、ひたすら日本を有害な存在であるとして、かつては友邦であったはずの日本人を野蛮人として、公然と日本人種の絶滅を口にするようになりました。

それは、あなた方の神の意向に叶うものなのですか？

大東亜戦争によって、いわゆる大東亜共栄圏が成立すれば、それぞれの民族が善政を謳歌します。

あなた方がこれを破壊さえしなければ、全世界が恒久的平和を招くことができる。

それは決して遠い未来のことではないのです。

あなた方白人はすでに、充分な繁栄を遂げているではありませんか。

数百年来、あなた方の搾取から逃れようとしてきた哀れな人類の希望の芽を、どうしてあなた方は若葉のうち

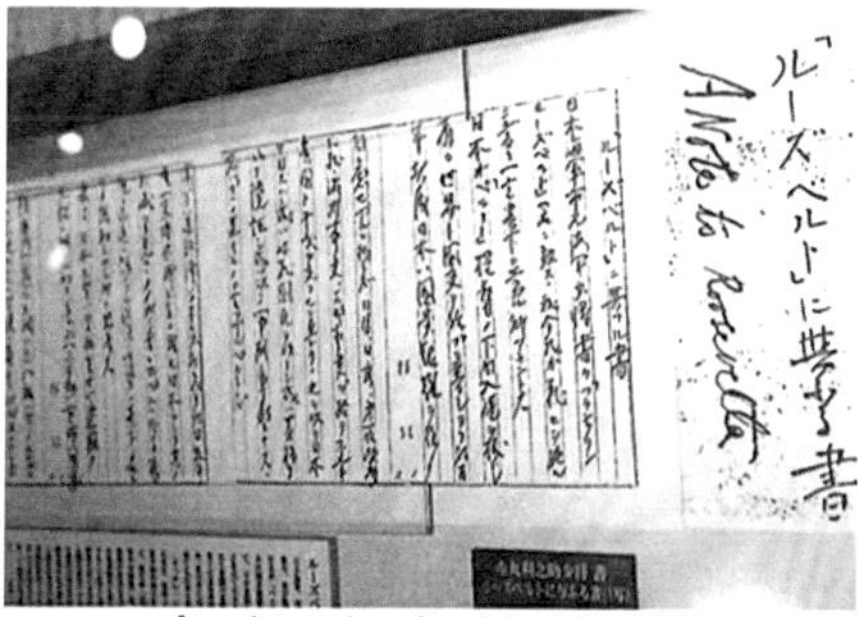
「ルーズベルトに与フル書」＝東京・靖国神社遊就館

に摘み取ってしまおうとするのでしょうか。

ただ東洋のものを東洋に返すということに過ぎないのではありませんか。

あなたはどうして、そうも貪欲で狭量なのでしょうか。

大東亜共栄圏の存在は、いささかもあなた方の存在を否定しません。

むしろ、世界平和の一翼として、世界人類の安寧幸福を保障するものなのです。

日本天皇の神意は、その外にはない。

たったそれだけのことを、あなたに理解する雅量を示してもらいたいと、わたしたちは希望しているにすぎないのです。

ひるがえって欧州の情勢をみても、相互の無理解による人類の闘争が、どれだけ悲惨なものか、痛感せざるを得ません。

今ここでヒトラー総統の行動についての是非を云々することは慎みますが、彼が第二次世界大戦を引き起こした原因は、第一次大戦終結に際して、その開戦の責任一切を、敗戦国であるドイツ一国に被せ、極端な圧迫をするあなた方の戦後処置に対する反動であることは看過することのできない事実です。

あなた方が、善戦してヒトラーを倒したとしても、その後どうやってスターリンを首領とするソビエトを協調するおつもりなのですか？

およそ世界が強者の独占するものであるならば、その闘争は永遠に繰り返され、いつまでたっても、世界の人類に安寧幸福の日は来ることはありません。

あなた方は今、世界制覇の野望を一応は実現しようとしています。

あなた方はきっと、得意になっていることでしょう。

けれど、あなたの先輩であるウイルソン大統領は、そういった得意の絶頂の時に失脚したのです。

願わくば、私の言外の意を汲んでいただき、その轍を踏むことがないようにしていただきたいと願います。

市丸海軍少将」

そして、この市丸利之助中将と同じようなことを、実は戦勝国側である、オランダのアムステルダム市長が、以下のように記述されています。

**「あなた方日本は『アジア各地で侵略戦争を起こして申し訳ない』『諸民族に大変迷惑をかけた』と自分をさげすみ、ペコペコ謝罪していますが、これは間違いです。**

**あなた方こそ、自らの血を流して東亜民族を解放し、救い出す、人類最高の良いことをしたのです。なぜならあなたの国の人々は、過去の歴史の真実を目隠しされてあるいは洗脳されて、『悪いことをした』と自分で悪者になっているが、ここで歴史をふり返って真相を見つめる必要があるでしょう」**（平成28年産経新聞記事　抜粋）

いかがでしたでしょうか？ 僕はこれらの文章を読んで、今までの「大東亜戦争は日本が仕掛けた」というのみの視点から抜け出せました。

もちろん、当時の日本のすべてを肯定するつもりはありません。軍部の暴走や視野の狭さ、権力欲に取りつかれた側面など、課題もありました。しかし、現在の学校教育や戦争ドラマをはじめとしたメディアのように、日本国内の状況だけを伝えていたら、「日本が無謀な戦争を仕掛けた」という、偏った視点しか得られません。

しかし、米国や英国の日本への敵視、ソ連の日本への恨み・ドイツとの挟撃を避けたい状況など、国際情勢や地政学的な観点、世界の出来事まで視野を広げた上で、日本の動きをとらえていくと、様々な視点が得られ、その分だけ、たくさんの学びや氣づきも得られます。

だからこそ、**ビジョンやアクションが明確になる**のではないでしょうか。まだまだ、僕が日本を好きになったストーリーはたくさんあるのですが、代表的なストーリーをご紹介させて頂きました。

なぜ、「日本が世界から尊敬される国なのか？」、「どうして自分たちが当たり前だと思っている、思いやりの心や人としての矜持を有しているのか？」が明確になったのではないでしょうか。

今までお話してきた見方を知ることで、日本人である自分に自信と誇りを持てるとともに、「日本や人のために何かしたい！」と、活力が沸いてきませんか。

そして、その活力により、「もっと、自分の強みを活かして、こんなことしてみたい！」というビジョンやアクションの具体化に繋がるのです。

それではいよいよ、皆さまが一番氣になる、「日本のリアルの課題がなぜあるのか」について、お話をさせて頂きます。

## ②「現在の日本の危機に繋がるストーリー」

僕は、「自分のやりたいことが見つからなくて、不安ややもやもやに追われる日々」が本当に嫌でした。

しかし、学べば学ぶほど、「こんなことやってみたい！」、「もっと、人や世の中のために、こんなことしてみたい！」と活力が沸いてくるのです。ここで疑問に思ったのが、

「どうして、もっと違った歴史や社会の見方を教えてくれなかったんだろう」

「どうして、人としてどう生きるかとか、自分の強みを深堀する機会がなかったんだろう」

「どうして、夢や志が持てる教育がなかったんだろうか」ということです。

そしてその答えが、「戦後の占領政策」にありました。

僕らは今まで、「日本は米国に、ぼろ負けした」と教わります。メディアでもそのように描くことが多いです。

しかし、硫黄島での戦いでは、戦死者と戦傷者数において、日本よりも米国の方が多かったのです。（日本《戦死20129人・戦傷1023人＝21152人》米国《戦死6821人・戦傷21865人＝28686人》）

さらに、米国は日本人が、自分のためだけでなく、人や国のために、戦い続ける精神が理解できませんでした。

例えば、欧米諸国では、「自分の命を他人や国のために懸ける」という価値観は、基本的にありませんでした。

しかし、米国は大東亜戦争に勝利した後に、日本を研究すればするほど、**日本の誇り高き精神が、たった30年で日本が急速に発展したり、日露戦争にも勝った要因だと結論付けました。**

「また同じようなことにならないようにしなくてはいけない」と米国は考えました。

そして、【ウオー・ギルト・インフォメーション・プログラム】War・Guilt・Information・Program（日本人の心に戦争についての罪悪感を植え付けさせる宣伝計画）を、日本に実行します。

この計画の目的は**「日本人の自尊感情をへし折り、自分達に逆らえないようにする」**です。
具体的に、「どのようなことをして、僕らにどのような影響を与えているのか」を、次記にまとめました。
◆「修身・日本歴史及び地理の禁止」・「公職追放」により、自己肯定感や主体性の低い国民づくり
◆財政法第4条により、経済政策に制限を設ける。
◆憲法9条制定による国防力を削ぎ、逆らえないようにする。

まず、◆「修身・日本歴史及び地理の禁止」についてです。

※WGIPの文書

CONFIDENTIAL

DRN/ir

Subject: War Guilt Information Program

From: CIE　　To: G-2　　Date: 3 March 1948

1　　1. Forwarded herewith for comment or concurrence is tentative Staff Study on War Guilt Information Program.

2. The critical comments of G-2 personnel will be appreciated by CIE.

2 Incls
1. Tentative Staff Study with Tabs "A" to "K"
2. Tentative Staff Study with Tabs B1 to J3.

D. R. N.

要するに、これまでお伝えしてきた、**「人間学や日本の歴史を教えてはいけない」**という意味と同じです。

「いやいや、日本史とか教わってるよ」って思われるかもしれません。しかし、現在、僕らが教わっているのは、実は社会科という、「一般常識を知る上で必要な年号と事実だけを教える」1分野としての歴史を教わっているのです。

年号と事実だけではなく、**「なぜその事実が起こったのか、その事実から未来にどう活かすか？」**など、ストーリーを通じて、未来に活かす学びこそが、本当の歴史なのです。そして、昭和22年に「修身・国史・地理科目の廃止と社会科の新設」を、文科省が発信して現在に至ります。

だからこそ、現在の学校教育では、僕が今までお伝えしたような、人間学も歴史の見方も伝えられることがなくなったのです。

そして、自分に自信と誇りを持てず、生まれ育った国も地域も好きになることもなく、やりたいことが見つからないようになっているのです。

さらに、「公職追放」により、日本を想い、米国に反発するような教職員を12万人追放するとともに、他にも政治・行政・民間分野で働いていた方々を、たくさん追放しました。

その傍ら、ＧＨＱは、米国に追従し、「日本は悪い国だったんだ」という考えを持っていた方々を、教育やメディア業界などの主要な役職に就けているのです。だからこそ、**文科省や大学教授・教育者は基本的に、日本は悪い国であ**

ったと考える方が今でも多く、いつまで経っても、自虐的な歴史教科書が採択され、自虐的な歴史教育が行われております（なぜなら、文科省の役人も大学教授も教員も、日本は悪い国であったと考えていた人から教えを受けて、現代に引き継いでいるからです）。

また、メディアにおいても、「日本は悪い国であった」という視点でしか、戦争ドラマ等が放映されないのも、この公職追放の影響があるのです。現に、朝日新聞が、慰安婦問題に対し、根拠なく報じて、謝罪したり、最近、ＮＨＫが尖閣諸島を中国の領土だと報道して、問題になりました。

そして、３Ｓ政策（さんエスせいさく）とは、screen（スクリーン＝映像鑑賞）、sport（スポーツ＝プロスポーツ観戦）、sex（セックス＝性欲）を用いて、大衆の関心を政治に向けさせないようにする政策になります。例えば、日本のメディアでは、報道番組のコメンテーターを、芸能人が担当していることが多いです。芸能ニュースであれば良いですが、政治・経済・新型コロナ問題など、専門性が求められる分野において芸能人が責任をもって、コメントできるのでしょうか？

芸能人の方々のすべてを駄目だとは言いません。しかし、特に日本では、国民の意識形成に大きな影響を及ぼしますから、様々な視点で、その分野を研究している専門家がコメントして、国民が判断できるようにするべきではないでしょうか。これも、あくまで報道番組を「コメディ」として構成し、「国民に政治に目を向けさせないメディアの在り方」が占領時につくられたからです。

まだまだ細かい要因はありますが、主にこれらのことにより、自己肯定感や主体性が低く、政治的無関心な国民が多くなっているのです。

次に、「財政法第4条により、経済政策に制限を設けること」についてお話します。

なぜ、国民の所得が減り、消費が減り、給料が減る中で増税をするという、「マクロ経済学的にも間違った政策を進めているのか？」その答えが、この財政法第4条にあるのです。

**【財政法第4条】**

**国の歳出は、公債や借入金以外の歳入で賄う必要がある。**

**ただし、公共事業費、出資金、貸付金の財源については、国会の議決を経た金額の範囲内で公債を発行したり、借入金をしたりすることができる」**

**前項ただし書の規定により公債を発行したり、借入金をしたりする場合は、その償還計画を国会に提出しなければならない。」**

この規定のどこに問題があるのでしょうか。それは、「国の歳出は、公債や借入金以外の歳入で賄う必要がある」という規定です。つまり、この規定があるため、**「国民が苦しんでいて、国民が使えるお金を増やす政策（減税や投資など）をしたくても、財源がなくてできない」という話になっている**のです。

「この規定がなくても、財源は限られているんじゃないの？」と思われるかもしれません。

しかし、日本には、自国の通貨を発行できる「通貨発行権」があります。日本札（銀行券・円）は、日本の造幣局で製造され、日本銀行(日銀)が発行しています。政治と日本銀行（日銀）が連携して、政府が国債（債権）を発行して、日銀が引き受ける（お札で債権を購入）という形で、財源を確保できます。

もちろん、無限に刷ってしまえば、国民がお金を持ちすぎてしまい、インフレーション（インフレ）という、お金の価値が下がりすぎるとともに、物の価値が上がりすぎてしまいますが（第一次世界大戦後のドイツで、お金を台車に載せていた写真がありましたね)、きちんと景氣の動向をみながら、物価目標を立てて、運営すれば問題ありません(この考えは、現代貨幣理論(Modern Monetary Theory)に基づいています)。

今の日本経済の活性化に必要なことは、国民の使えるお金を増やし、国民が「お金を使っても大丈夫かも!」という氣持ちになってもらうことです。そして、お金を使い、消費が増えることで、給料が増えて、さらに消費が増加し…という循環をつくることです。まさに今こそ、「民のかまど」のように、国民から税を取るのをやめるとともに、政府が積極的に事業者や農家にお金を使い、給料を増やしたり、販売価格を下げられるようにするべきです。

その財源は、政府と日銀が連携して、国債発行・引き受けという形で、お金を刷って用意すればいいのです。しかし、財務省の官僚や政治家は、国民に目を向けず、財政法4条を盲目的に守ることに執着しているのです。

そして、実はこの財政法第4条がつくられたのも、GHQの占領政策からです。その目的は、**「日本に防衛力をつけさせず、自分たちに逆らえないようにするため」**です。実は、戦前の日本が、昭和4年(1929年)の世界大恐慌をいち早く抜けられたのは、防衛力を高めるための戦艦ヤマトの建設により、不況の中でも国民に働き口を与えて、国民が使えるお金を増やし、経済を支えたからなのです。

防衛力を整備することは、**日本を自立させるだけでなく、日本国民を豊かにする事にも繋がる**のです。しかし、戦争に負けたとはいえ、本来は他国がここまで、日本国の運営に関与することは、内政干渉として禁止されています。

なぜ、ここまで好き勝手やれたのでしょうか? その答えが、**「憲法9条制定による、国防力を削ぎ、逆らえないようにする。」**にあります。

今の日本国憲法は、GHQが、たった数日でつくったものであり、もともと日本らしさもなく、米国に都合の良いものにつくられたものです。その中で、特に注目すべき規定が、憲法９条になります。

**【憲法9条】**
**日本国民は、正義と秩序を基調とする国際平和を誠実に希求し、国権の発動たる戦争と、武力による威嚇又は武力の行使は、国際紛争を解決する手段としては、永久にこれを放棄する。**
**前項の目的を達するため、陸海空軍その他の戦力は、これを保持しない。**

この規定の存在により、**「日本は先の大戦で悪い国だったから、軍事力を持ってはいけないんだ」**という意識を植え付けられ、自国の防衛を米国に依存するようになるのです。

現に日本は、在日米軍なしでは守り切れず、武器も米国から購入し、作戦も米軍ありきになっています。

さらに、国民の防衛意識も、米軍ありきで、自分たちで守るとなっていないため、「防衛力整備する＝侵略国家になる」と飛躍した考えをされる国民や政治家が多いのです。

ここまで、米国に依存してしまえば、**「守ってあげないよ」と言われれば、米国に逆らうことはできないため、言うことを聞かざるをえません。**このことを、「アライアンス・トラップ」といいます。一見、「守ってあげるよ」といいこと言っておきながら、あえて依存させて、自分たちの都合の良いようにいうことを聞かせるという、正に「日米同盟という罠」にはまっている形になっているのです。

だからこそ、**教育を変えられても、公職追放されても、憲法や法律を自分たちの都合の良いようにつくられても、何も言えない**のです。横田空域という、日本の空なのに、なぜか日本は使えず、米軍しか使えなくさせられても、少女が米軍に襲われても、裁けないような理不尽も飲み込まなくてはいけないのです。

「日本のリアル」でもお話したように、**半導体関連での理不尽な要求があっても、日本人がどんなに働いても、外国人への株式配当を通じて、富が流失する仕組みにさせられても、従うしかない**のです（長尾たかし元衆議院議員も仰ってました）。

さらに、武器だけでなく、抗がん剤も農薬も添加物なども、米国から買わされ、日本人の健康を害されながら、儲けられても、何も言えないのです。

ここまでくると、「本当にこんなひどいことするの？ 悪魔じゃないか」と思われるかもしれません。

僕も実際そうでした。確かに現実に日本がそうなっているものの、こんなひどいことを本当にするのかと。

大東亜戦争時の米国大統領のフランクリン・ルーズベルトについて、産経新聞が次記のように記述しています。

**ルーズベルトは極端な人種差別主義者で、日本人を病的に蔑視していました。「日本人は頭蓋骨の発達が白人より2000年遅れているから凶悪なのだ」と大真面目に信じていたのです。**（平成29年　産経新聞記事抜粋）

フランクリン・ルーズベルト

ヘンリー・キッシンジャー

さらに、ヘンリー・キッシンジャー（国際政治学者）の言葉もご覧ください。

**「広島と長崎に原爆を落とさなければ日本は本土決戦をやるつもりだった。本土決戦で何百万人、あるいは一千万人以上の日本人が亡くなるはずだった。原爆を落とすことでその人数をかなり減らしたんだから、むしろ日本はアメリカに感謝すべきだ」**

こういった考えを持った人たちが、占領政策を進めていたり、戦後の日本に影響を及ぼし、現に僕らはこの占領政策により、危機的状況になっている事実を理解する必要があります。

氣が滅入るかもしれませんが、原因が明確になったからこそ、明るい未来にするために、僕らの今後のアクションが明確になりますので、考えていきましょう。

### ③「現在の日本の課題解決に繋がるストーリー」

ここまでお読みになられた方々は、絶望的なお氣もちになられたのではないでしょうか？

僕も当時は、いろんな意味で眠れなくなりました。今まで教わってきたことのない日本の魅力に感動しました。「もっと学びたい！日本の素敵なところを知りたい！」と興奮しました！ 反面、なぜ自分が夢や志を持てずに苦しんだのか、なぜ日本が明るい未来を描くことができないのかも、とても腑に落ちました。しかし、知れば知るほど、「無理じゃん！」って思えました。

「自分一人が、何やったって変わらないんじゃないのか？」と不安になりました。「この不安を解消したい！」という想いで、日本の危機を乗り越えた事例や、その時にご先祖様は、「何をして危機を乗り越えられたのか」について研究しました。

そこで僕が注目した時代が、幕末と戦後だったのです。

この二つの時代から、「危機を乗り越えられた要因」と「ご先祖様は何をされていたのか？」、「僕らは何をすることが大切なのか？」についてお話していきます。

◆幕末・戦後それぞれの危機を乗り越えられた要因とは？

幕末・戦後、それぞれが、日本存続の危機でした。幕末の時は、隣国の清が植民地支配され、ペリーが軍艦を率いて、日本に迫りました。現に、西郷隆盛がいた薩摩（鹿児島県）、高杉晋作がいた長州（山口県）は、それぞれが西洋諸国と直接戦い、（薩英戦争・下関戦争）家を焼き払われたり、甚大な被害を被っており、侵略される一歩手前といっても過言ではありません。

また、大東亜戦争の敗戦後の日本は、正に占領されるとともに、度重なる空襲と原爆投下により、国土も荒廃し、国力も削がれてしまいました。そんな絶望的な状態の中で、なぜ乗り越えることができたのでしょうか。

それは、**国民一人一人が、諦めずに希望を見出して、学び・成長・幸動し続けて、自分の強みを最大限に発揮し、社会で輝いたからです！**

そのことが如実に証明されているのが、アヘン戦争で負けてしまった清です。

幕末の志士は、「なぜ、清が植民地支配をされてしまったのか」を研究しました。

いくつか原因が挙がってきた中で、最も大きな原因であったことが、「西洋列強の圧倒的な軍事力に対し、抗おうともせず、すぐに諦めてしまったこと」です。アヘン戦争で負けた後に、強くなろうとせず、学ぼうともせず、単に従うだけでした。日本が明治維新を経て近代国家になっても、中華思想に基づき、日本を見下すだけでした。一方日本は、黒船や大砲を見せつけられても、諦めたりせず、「どうやったら、黒船をつくれるか」と日本を守るために、最善を尽くしました。

現に薩摩藩主の、「島津斉彬」は黒船をつくるために、提灯屋さんにお願いして、つくってもらっていました。とんでもない無茶ぶりですが、それに応える提灯屋さんの技術も志の高さも素晴らしい。

日露戦争時の「からゆきさん」や「久松五勇士」もそうでしたが、**一般庶民の教養の高さ、志の高さあってこそ、危機を乗り越えることができた**のですね。さらに、各藩の藩校や緒方洪庵が拓いた適塾、吉田松陰先生の松下村塾など、黒船をみて諦めるどころか、**「自分がより良い日本をつくる主人公なんだ！」**と自覚し、海外の本を読み漁ったり、学び合い・議論して、自らを高める青少年が全国にいたのです。

その青少年である、吉田松陰先生が若者の志に火をつけ、その志に火が付いた、高杉晋作や久坂玄瑞が、倒幕の流れをつくり、伊藤博文や山縣有朋が総理大臣として、近代国家日本をつくり、植民地支配されそうであった、日本の危機を乗り越えたのです。

戦後の日本の危機を乗り越えた要因も同じでした。焼け野原にされ、何もかも失っても、諦めずに学び・成長・幸動し続けました。

出光興産創業者であり、「海賊と呼ばれた男」という小説・映画のモデルとなった、出光佐三さんのお話をさせて頂きます。

出光佐三さんは、明治44年（１９１１年）の25歳の時に出光商店を立ち上げ、昭和15年（１９４０年）の55歳の時に、株式会社に改組し、社長に就任されました。

石油事業を海外にも展開しており、社員１０００人抱えるほどの大きな会社です。しかし、昭和20年（１９４５年）の60歳の時に敗戦を迎えます。海外の資産を凍結され、事業が成り立たなくなりながらも、決して諦めることなく、社員一人も解雇することなく、以下のように社員を鼓舞します。

**「私はこの際、諸君に3つのことを申し上げます。」**

**◆愚痴をやめよ**

**◆世界無比の日本の三千年の歴史を見直せ**

**◆そして今から、建設にとりかかれ**

出光佐三

ちなみに、松下幸之助さんも本田宗一郎さんも、同じように、戦争が終わった翌日に社員に対し訓示を述べています。どうして、出光佐三さんは、このような考え方ができたのでしょうか。

その要因が正に、幕末の時と同じく、「教育」にありました。

学生時代の恩師である水島鉄也校長の、「サムライの魂を持って、商売人の才を発揮せよ」という言葉にありました。「自分の強みを最大限に発揮し、自分のため・人のため・世のために活きて、社会で輝く」

日本は江戸時代から、世界からも賞賛される高い教育水準を誇っていました。それは、庶民の識字率が高く、読書する人が多く、歌舞伎も含め、庶民が文化の担い手になっていたことからも明らかです。

そして、そういった質の高い教育が藩校・寺子屋にて全国で行われた結果、幕末の危機を乗り越える人才が育成されました。

明治になり、富国強兵の理念の基に、さらに就学率が向上し、国民が一致団結して、さらに国力を向上させた結果、日清・日露戦争に勝利し、近代国家日本をつくることができました。


戦前の教育は「軍国主義の象徴」だと言われますが、果たして本当にそうでしょうか？　少なくとも戦後から、高度経済成長期を経て、１９９０年代まで日本を経済大国第2位に押し上げてきたのは、**出光佐三さんや松下幸之助先生等の戦争を経験し、戦前の教育を受けてきた方々が中心となっていたとき**です。

しかし、１９９０年代初めから、そういった方々がいなくなり、戦後のＧＨＱ主導でつくられた戦後教育を受けた世代（自分も含め）が中心になってから、日本は失われた30年に突入しました。

このように客観的に見ても、戦前の教育が、戦後教育より優れていた側面を持っていたことは明らかです。

そして、その戦前・江戸時代の教育では、今までお話ししてきたような、人間学や偉人を学びながら、自分の強みを見出すとともに、日本や世界の現状・歴史・未来を考察していたのです。

そしてそれが、ＧＨＱの教育政策で消されてしまったのは先の通りです。


だからと言って、教育だけが大事だということを僕が伝えたいかというと、そういうわけではありません。つまり、**一人一人が「諦めずに、学び・成長・幸動し続け、自分の強みを最大限に発揮し、社会で輝き、活き様を魅せる」**これこそが、一番僕が言いたいことです。

現に僕が、自分がどうしていいかわからなくなった時に、上司の自衛官が正に輝きながら、自衛官の志事に活きていた活き様に魅せられて、僕は変わることができました。學校教育だけが人を輝かせるわけではありません。家庭でも、仕事場でも、「活き様で魅せる」ことで、どこでも誰でも、人を輝かせることができるのです。

そのことを正に表した言葉が、「一燈照隅《いっとうしょうぐう》　万燈照国《ばんとうしょうこく》」という言葉です。それぞれが、自分の置かれた立場で、**強みを最大限に発揮し、一隅を照らす。そしてその光が伝播し、どんどん一隅を照らす人が増えれば、全体が輝く**という意味です。

とても素敵なことだと思いませんか？　その一隅を見つけ、さらに輝かせるために、このカコミラ分析を活用して頂けましたら、とても嬉しいです。

それでは、ここまで「目が覚める日本のリアル」・「感動と切なさに溢れる日本ストーリー」について、皆さまと一緒に学ばせて頂きました。ここで、ワークシートに「どんな日本にしたくて、そのためにどんな現状を改善し、どんなアクションを起こすか」を確立するワークを実践してみましょう。

資料としてプレゼントさせて頂きましたカコミラ分析ワークシート２／３の①～②をご覧ください。（資料：カコミラ分析ワークシート）

１【理想の日本】どんな人で溢れている日本になったら素敵だと思いますか？
２【①現状の日本】今の日本は「どんな良いところ」と「悪いところ」があると思いますか？
２【②改善アクション】「理想の日本」にするために、何をすることが大事だと思いますか？

ここでのポイントは、決して「正しいかどうか」を氣になさらないでください。
「こんな日本がいいと思うんだけど、他の人はどう思うんだろう？　正しいのかな？」

「これが課題だと思っていて、こんなアクションで解決できるし、やりたいんだけど、本当に正しいのかな…」

大切なことは、自分が良いと考えたのであれば、すべて正解です。そもそも、どんなアクションでも、手段が違うだけで、必ずすべて、より良い日本づくりに繋がっています。

いかに「自分で意味を見出して繋げるか」が一番大事なことですので、ぜひ氣軽に実践していきましょう。

それではまず、当時の就活生の事例をみてみましょう。

1【理想の日本】**全ての人が挑戦する・成長する機会を平等に与えられること。家庭やお金などのせいでそのような機会を奪われないこと。当たり前の日常・幸せが奪われない日本。全員の意見が反映される社会。人の繋がりを重んじる。**

**「やりたいことして活き活きしている人で溢れる日本」**

2【①現状の日本】**「立場が弱い人に平等な機会が与えられていない。当たり前の日常を奪われている人がいる。」**

2【②改善アクション】**「今ある日常を守る仕事に就きたい。すべての人が平等で人との繋がりを作れるようにしたい。」**

素晴らしいですね。

1【理想の日本】のように、いきなり一文にするのではなく、キーワードを書き出してから、「それらを総合すると、どんな日本にしたいのかな?」と、考えてみると良いかもしれません。

この方は、ご家族が病氣になり、代わりにご自身が家族を支える中で、自分とも戦ってきた日々を送られました。だからこそ、やりたいことしてイキイキすることを理想として、そのための、当たり前にある日常を守ることに価値を感じているからこそ、このような理想・現状・アクションが具体化されたのでしょう。これだけでも

「どんな業界が良いか、どんな志事に就きたいか」が具体化されていますよね。
さらに、会社員の方の実践例も見ていきましょう。

１【理想の日本】

**「自然と調和し、自分の好きなことで貢献し合い、助け合う人で溢れている共存共栄の國、日本。世界を和の世の中に導くリーダーとなる」**

２【①現状の日本】

**「良い所」→平和、豊か、四季折々自然の多さ、人の奥ゆかしさと優しさ、単一民族で意思統一しやすい**

**「悪いところ」→平和ぼけ、豊かさを感じている人が少ない、日本人としてのルーツを知る人が少ない**

２【②改善アクション】**「自分が幸せでいる姿を周りに伝え拡げる」**

こちらも、とても素敵ですね！　特に日本の特性が、ものすごく反映されており、一貫しております。

この方は、お志事だけでなく、農業や村づくり等を実践する、コミュニティー活動をも通じて、理想の日本をつくる活動をされています。

お志事だけでなく、コミュニティー活動、趣味、ボランティア活動、ご家庭などなど、あらゆる活動を通じて、理想の日本をつくることに繋げれば、よりワクワクできます！

ちなみに、当時26歳の時の、僕の実践例は以下になります。

１【理想の日本】「**本当にやりたいことを「志事」にして社会で輝く人で溢れる日本**」

２【①現状の日本】

「**豊かで安全安に暮らせるとても恵まれた国ではあるが、自己肯定感や主体性が低くなり、夢や志を持てない教育から、政治もおかしくなり、幕末と同じような危機に陥っている。**」

２【②改善アクション】

「**夢や志を持って、本当にやりたいことを志事にして社会で輝ける人を増やす教育を実践する。**」

さらに、もしよろしければ、今までのカコミラ分析実践者の例をまとめた、巻末の資料としてプレゼントさせて頂きました、「実現したい社会ビジョン確立ワード（ＰＤＦデータ）」もありますので、「すぐ言葉に出てこないなぁ」という方はご参考にして頂けましたら、幸いでございます。

それでは次節からは、さらにレベルアップして、「世界」に目を向けていきます。「世界のリアル・ストーリー」を学ぶことで、ビジョン・アクションがさらに深化し、確立していきますので、ぜひお楽しみに。

## 第４節　平和にならない根本がわかる！「意識が変わる、世界のリアル」

僕が、世界のことを学びたくなった理由は２つあります。

一つは、「日本ストーリー」（日本の歴史）を学んでいた時のことです。「日本って悪い国じゃなかったの？」と疑って調べていた時のことでした。そもそも、日本が植民地支配したといわれている、中国の人ってどんなことを言っているのかが氣になり、ＳＮＳ動画を見ていました。

そんな時に、僕の頭をガツンと叩く動画に出会いました。それが、戦前に日本に統治され、戦後の中国兵と接した、台湾人であり、日本人でもある楊素秋《ようそしゅう》さん・弘山喜美子さんの、「日本の兵隊さんは本当に素晴らしかった」という動画です。

その動画は、当時の日本の軍人が、子供たちに非常に優しく、日本の軍人が世界で一番であるというお話でした。さらに、**「日本の兵隊が悪いことをしたというのであれば、その証拠を出せるのかと聞いてみてちょうだい。」「日本が悪いというのであれば、どうぞ好きな国へ行ってくださいと、なぜ、あなたたちは言えないんですか！！」**

日本統治時代に生きて、目の前で日本の軍人を見た方です。これらの言葉を聞いたときに、まるで、自分のことを言われているようで、後ろから頭を殴られた氣分になりました。そして、僕は楊素秋さんが書かれた本である、「日本人はとても素敵だった」（楊素秋　著　星雲社）という本を見てみました。

その本に書かれた言葉に、以下のような記述がありました。

**「日本が挫けたから、こんなに世界が偏ってしまったのではないでしょうか。**これはあくまでも私の考えですが、これには道理があると思うのです。そう思いませんか。日本人を責めるのではない。攻撃するのではない。日本人が一生懸命立派な国を造ったら、世界が眼を見開いて学ぶでしょう。これが日本人の使命なのです。だから、日本人は頑張って立派な日本を造って下さい。本当にみんなにしっかりしてもらわなければ日本はどうなるのですか！　日本と台湾、二つとも立派になって欲しい―これが私の心からの願いです。日本の皆さんが本当に自信を取り戻して、日本のために努力して欲しいと思います。」

楊素秋さん（弘山喜美子さん）

この文章を読んだときに、僕個人の使命は考えたことがあるけれど、日本や日本人としての使命という視点は、全く考えたことがなかったことに氣づきました。さらに、「日本だからこそ、世界を平和に導ける」ということも、考えたことがありませんでした。

しかし、先にご紹介した、津田紘彰さんのご講演にて、ドイツ人の方が、「日本人みたいな優しい人が増えたらいいのにな」という言葉を含め、僕ら日本人には、**「争いのない世界をつくる」という、素晴らしい使命が与えられているんじゃないか？**と思えるようになったのです。**「自分のやっていることで、日本を良くして、世界を良くする事にも繋がる⁉」**

これこそ正に、「たった一度しかない人生を懸けられるじゃないか！」と、さらにワクワクしてきたのです。だからこそ、「世界から、なぜ争いがなくならないのか」「より素敵な世界にするために、自分は何ができるのか？」を知るために学びたい！と考えたのです。

それでは、ここから、「意識が変わる世界のリアル」の中身に入っていきましょう！日本のリアルと同じように、「世界の良くなっている点」と「課題」に分けて、お話していきます。

【世界の良くなっている点】
①多くの可能性に溢れており、利便性が向上したこと
②全体的に豊かで、健康的な人が増えたこと
③人権が守られるようになったこと

早速**「①多くの可能性に溢れており、利便性が向上したこと」**からみていきましょう。

一番わかりやすいことが、通信技術の発達ではないでしょうか。

電話にて一瞬で国内に限らず、世界でコミュニケーションを取ることができます。また、さらに発展し、オンラインにより、多数の人と同時に、顔の見える形で、より質の高いコミュニケーションを可能にして、繋がりを作ることができるようになり、たくさんのチャンスや価値を創造することができるようになりました。

また、ＳＮＳの発達により、知識だけでなく、様々な見方・考え方を学ぶとともに、自らも価値として発信することができるようになったことも、多くの人々に「好きなことで活きていく」という可能性を広げたといってよいでしょう。

他にも、移動・運搬技術も発達し、より多くの物を迅速に運べるようになりました。こうした技術の発達は、できることを増やすだけでなく、僕らの命＝時間をより有効活用できることに繋がります。

これからさらに、ロボットやＡＩが発達し、自動運転が可能になったり、仕事もロボットが担うようになり、人間は人間にしかできないことや活き方に集中できるようになります。

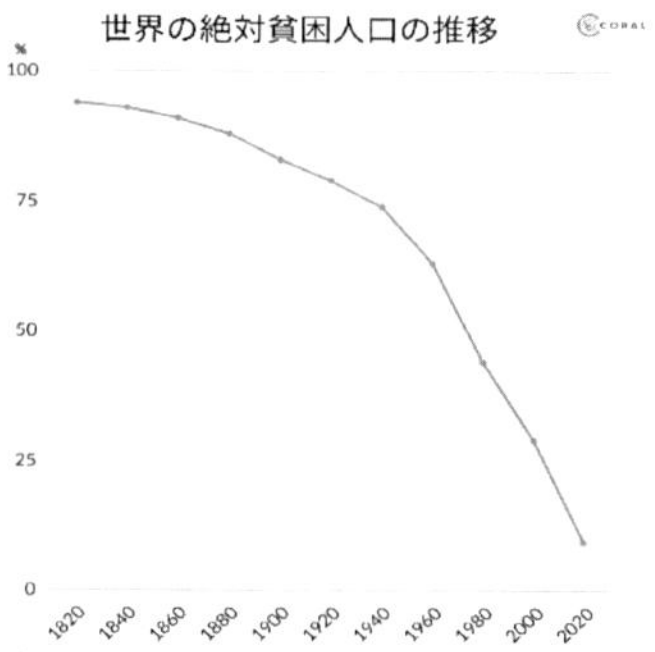

出典：Our World In Data, "Extreme poverty" by Max Roser

だからこそ、これからは、**「自分がどんな人生にしたくて、どう活きるか」**を明確にする必要があるのではないでしょうか。

続いて**「②全体的に豊かで、健康的な人が増えたこと」**についてお話します。

ＧＤＰ全体では８倍以上に向上しているとともに、飢餓人口も４分の１以下に減っています。

平均寿命・健康寿命もともに、右肩上がりです。もちろん、格差はあるものの、確実に豊かになっている人が増えて、健康に長く生きられるようになっていることは事実であり、世界全体で良くなっている側面といえます。

そして、**「③人権が守られるようになったこと」**についてお話します。

こちらは今までお話してきた例でいえば、植民地支配がなくなり、人権が守られるようになったことではないでしょうか。特に白人の有色人種への植民地支配の際は、奴隷として人以下に扱い、仮に命を奪ったり、好き勝手に酷いことをしても、基本的に罪に問われることはなく、あったとしても、軽い罰で済んでいたのです。

なぜなら、白人以外は人ではないとみなしていたからです。日本人も「黄色い猿」（イエローモンキー）と蔑称されていました。ただ、第二次世界大戦や大東亜戦争が終了したあとに、アジアを中心に独立戦争を戦い、民族自決が実現されたのです。そして、そこに大きな功績を果たしたのは、命を懸けて戦った日本であったことは、「日本ストーリー」にてお話をさせて頂きました。

大東亜戦争は現在、太平洋戦争と呼ばれていますが、日本人からみたら「大東亜戦争」と呼ぶことが正しいのです。なぜなら、市丸利之助中将の「ルーズベルトニ与フル書」にも書かれていましたが、当時の日本は、白人諸国に植民地支配されたアジアの国々の地域を、大東亜共栄圏と名付けていました。そして、同じ有色人種として、支配された地域を開放することを目的としていたからです。つまり、大きく解釈すれば、日本は大東亜戦争に負けていないことになります。なぜなら、結果的に植民地はなくなり、大東亜戦争の目的は果たされたからです。

そういった見方をさせないために、米国は占領政策の一環として、「大東亜戦争」と呼ばせなかったのです。なぜなら、日本人の自尊感情が高まってしまうからです。それは、アムステルダム市長のお話からも明らかです。確かに、まだまだ、ウイグルやチベットの問題等、違った形での搾取は行われています。

しかし、大東亜戦争のすべてを肯定するつもりはありませんが、植民地が解放され、悲劇を少なくし、感謝されたという側面を受け止めて、誇りを持って活きていくということも大切にする必要があるのではないでしょうか。そうでなければ、**命がけで戦ったご先祖様が浮かばれませんし、感謝して下さっている国々に申し訳ないです。**

以上、「世界のより良くなっている部分」を見てきました。

しかし、小出しにしていますが、まだまだ課題もあります。次に**【課題】**の側面をみていきましょう。

一言でいえば、**「未だに終わらぬ争い・格差・差別」**です。

紛争は、昭和21年（１９４６年）と比較し、３倍以上に増加しています。また、格差自体は減少しているのですが、未だに格差は埋まりません。なぜ、争いも格差も差別もなくならないのでしょうか？

その要因は大きく分けて、以下の２つになります。

①地政学に基づく歴史的背景

②構造的問題（仕組化されている）

①に関しては、次節の「驚愕と革命に溢れる世界ストーリー」にてお話させて頂きます。

**②構造的問題（仕組化されている）**についてみていきましょう。

『争い・格差・差別』が仕組化されているって、どういうこと？」と思われるかもしれません。

つまり、構造的問題とは、**「争いを起こしたり、（戦争ビジネス）ある問題を際立たせること（ＳＤＧＳ等）により、生活が成り立ったり、儲かる状態になっている」**ことです。順番にお話していきます。

まず、「戦争ビジネス」という言葉を御存知でしょうか？

「戦争ビジネス」とは、戦争が起きれば起きるほど、儲かる状態をいいます。例えば、武器をつくっている会社や戦争するときに食べる保存食をつくる会社、着る物を作る会社などなど、戦争に必要な物を作っている会社は戦争が起こるほど、儲かります。

例えば、軍事産業の会社の株式を持っている投資家や企業は、戦争が起きてくれるほど、収益・給料・配当金が増えますから、戦争が起きていてほしいと願う人がいても、おかしくありません。

正直、日本人からすると悪魔のような考えであり、ピンとこないかもしれません。しかし、「日本ストーリー」にてご紹介させて頂いた、フランクリン・ルーズベルト大統領やヘンリー・キッシンジャーの言葉からわかるように、そういう人が世の中にいる事実を、僕らは受けとめる必要があります。

現に、ウクライナ侵攻後に、軍事産業の株価が上がり、株式の保有比率も増えています。（エコノミストOnline・日本経済新聞より出典）

**化石燃料と防衛株の保有比率が上昇**

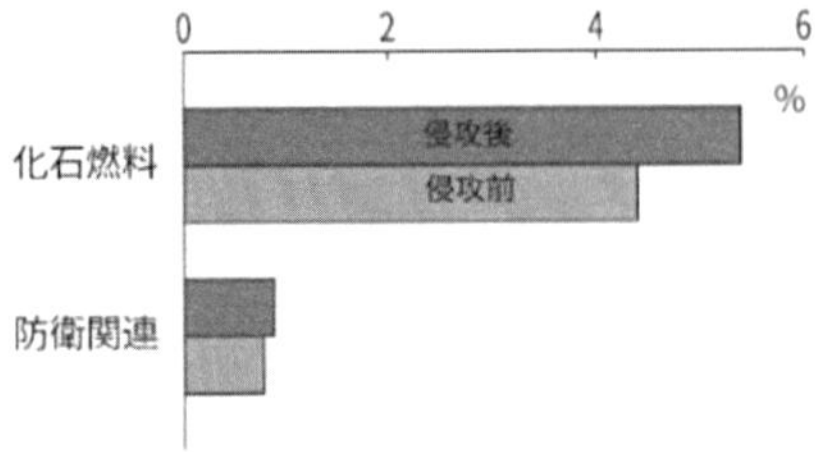


（出所）米アズ・ユー・ソウの２月16日と８月８日のデータを基に作成

さらにもっと踏み込んでいえば、その軍事企業から献金されていたり、株式を保有している政治家もいます。その政治家からすれば、その企業から支援を受けていれば、企業から圧力を受けて、「紛争は長引いてほしい」と考えても不思議ではありません。

例えば、僕が一番疑問に思ったのが、ウクライナへの支援です。一見良いことをしているようにも見えます。しかしながら、なぜ、支援ばかりして、「紛争を止める動きがない」のでしょうか？

ロシアが進行してくるから仕方ない？そうだとしても、なぜ「止める動きがほとんどない」のでしょうか？ロシアが一方的に侵攻しているから仕方ない？果たして本当にそうでしょうか？

市丸利之助中将の「ルーズベルトニ与フル書」にも書いていましたが、あの大量虐殺をしたヒットラーですら、第一次世界大戦後の戦後処理がずさんにされて、ドイツを追い込んでしまったことが、第二次世界大戦を引き起こした原因の一つであることが記載されています。

今までの争いの歴史をみても、どちらか一方だけが悪い争いはありません。程度はあれど、双方に必ず原因があります。

ロシアは２０１４年の時から、ウクライナ国境付近で、ロシア人を虐殺されていたり、ウクライナまでＮＡＴＯに入られてしまったら、敵国と接してしまい、安全保障上脅威になる事情があるのです。日本でいえば、対馬に北朝鮮の軍事基地を置かれるのと同じ意味を持ちます。

そうであれば、例えば、「ウクライナはＮＡＴＯに急に入るのは控えましょう、その代わり、ロシアはウクライナから手を引きましょう」などの交渉に、なぜ全力を傾けないのでしょうか？支援したら、いつまで経っても紛争は終わりません。紛争はない方が良いわけですから、停戦交渉を主にして支援は必要最小限にするべきです。

それなのに、未だに続くという背景には、この戦争ビジネスの可能性があることは否定できません。

さらに、「ある問題を際立たせることで儲かる」とはどういうことでしょうか？

例えば、ＳＤＧＳ（Sustainable Development Goals《持続可能な開発目標》）ですが、各項目を達成することは否定しません。

しかし、**達成したように見えて、実はかえって格差拡大に繋がっている側面もある**のです。これを「ＳＤＧＳウオッシュ」と言います。

具体的には、環境問題への取り組みの一環として、電氣自動車をつくるとします。電氣自動車をつくるためには、大量のリチウム電池が必要です。しかし、そのリチウムをくみ取るためには、大量の地下水をくみ上げなければなりません。そして、地下水をくみ上げれば生態系の破壊や干ばつを起こし、住民の死活問題になります。

また、太陽光発電により、二酸化炭素を減らす目的で設置するのに、大量の森林を伐採して、環境や生態系を破壊しているのは、典型的な例ではないでしょうか。

結局、電氣自動車をつくったり、太陽光発電をつくる事業者が儲けるために、献金や選挙協力を通じて、政治家を動かし、推進しているという見方ができるのです。

現に最近、洋上風力発電を推進している政治家が、事業者から数千万の金を受け取っていたことで問題になりました。これは典型的な、企業が献金を通じて、政治家を動かし、ＳＤＧＳの名の基に、洋上風力発電を推進させたのです。生態系の破壊には目をつむり…

戦争ビジネス・ＳＤＧＳウオッシュのいずれにしても、お金や株式保有などを通じて、自分たちの都合の良いように動かせる人から生まれ、経済構造に組み込み、実態を知らない善良な人々をも巻き込んでいるのです。なぜ、このような、自分たちの利益を最大化することのみを考えることができるのか？

その根本は正に「**今だけ・金だけ・自分だけ主義**」にあります。どんなに人が不幸になることに繋がるとしても、罪悪感を覚えることなく、自分さえ良ければいいとう考え方は、日本人である僕らは、特にピンとこないかもしれません。その考え方が生まれた背景が歴史にあります。
次節ではその歴史を「驚愕と革命に溢れる世界ストーリー」にて一緒に学んでいきましょう。

## 第5節　世界平和を実現する自分になれる！「驚愕と革命に溢れる、世界ストーリー」

どうして人のことを考えず、自分のことばかり考えられるようになるのでしょうか？

それは、**自分のことを考えず、人のことを考えていては、生きていけない環境で、ずっと生きていけば、「自分さえ良ければ、人は二の次だ」という考えに、なってしまう**のではないでしょうか？例えば、地政学的な観点から考えると、国境が接し合っている場合です。

国境が接し合っている場合は、いつでも奪おうと思えば、奪われる環境であるため、自らが奪われる前に、奪おうと考えてもおかしくない環境です。特に先ほどのウクライナ紛争の状態がこの状況にあたります。

ロシアは第２次世界大戦中に、ドイツと国境を接した結果、戦争により何千万の犠牲を出しました。そのトラウマもあり、敵国と国境を接することを嫌います。ＮＡＴＯは北大西洋条約機構であり、冷戦時代に敵対していた組織です。ロシアの周りは、ウクライナ以外はＮＡＴＯに加盟しており、ウクライナまでＮＡＴＯに加盟したら、ロシアの国境がすべて敵対組織と接してしまいます。それを避けるために「やられる前に先にやらなければならない」となり、現在の紛争に至ります。

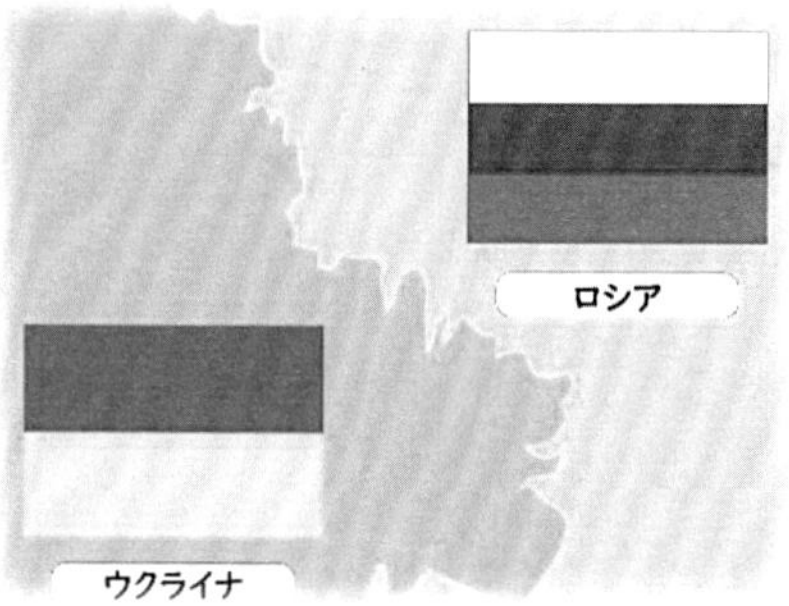


それと真逆に、国境が接することなく、海に守られ、気象環境が豊かで、助け合いの精神で運営してきた国が日本です。そういった環境の中で、歴史を紡いできたからこそ、日本は和の精神を持つことができたのではないでしょうか？

また、奪い・奪われる環境から、紛争が起きると、**勝った方は、その紛争や占領を正当化するために、排他思想**を用います。

例えば、ユダヤ人の迫害を正当化するために、「ユダヤ教は劣った宗教であり、キリスト教こそが正当である」と、何も根拠もないのに、自分たちに都合の良いようにこじつけて、正当化するということです。

また、白人の有色人種への植民地支配も同じです。勝手にキリスト教徒以外は人ではないから何しても良いと決めつけて、奴隷にしたり、襲ったり、殺したりすることを正当化しています。

**その名残が「差別」として残っている**のです。差別・迫害された方はおとなしくするかと言えば、そうではなく、新たな紛争の火種をつくります。例えば、差別・迫害されたユダヤ人は、「なぜ、自分たちはこんな目に合うのか？　そうか、自分たちは、試練を課された選ばれた民なのだ」と解釈し、自らを鼓舞し、恨みを晴らそうと画策します。

その恨みを果たし、自分たちの国をつくろうと、ユダヤ人は一生懸命考えました。その結果、彼らは、お金を預かり、利子を取ることで儲ける金融業を生み出します。莫大な利益を得たユダヤ人は、戦争するためにお金が必要な王様等にお金を貸し付けて、王様すら動かす権力を手にします。そうやって、権力を得た彼らの子孫が、現代でも莫大な資産を基に、政治家や企業を動かして、紛争を起こしたり、継続させたり、ＳＤＧＳ等自分たちが儲かる取り組みを行っており、格差を増大させています。

紛争を起こすといっても、政治家を動かすことだけでなく、例えば、紛争を起こされる方にお金を貸し付けて、武器を買わせるとともに、紛争を起こす側にもお金を貸して、武器を買わせて、戦える状態をつくります。最終的には、両方から利子も得て、大儲けということです。様々な紛争の背後には、このような金貸し屋や武器商人が当事者を援助するからこそ、紛争が起こせるわけです。

よくよく考えてみれば、フランス革命だって、なぜ、貧乏な民が、鍛えられた国王軍に勝てるくらいの武器や戦力を有していたか？　を考えれば見えてきます。これを現代において、戦争ビジネスという形で儲けているわけです。

一見、彼らが悪いように聞こえるかもしれません。しかし、基をたどれば、差別・迫害され、自分たちが生き残る手段を講じただけという、見方もできるわけです。

そして、**争い、占領し、植民地政策により、さらなる紛争・格差・差別が生み出されます。**

例えば、ルワンダ虐殺を招いた、ドイツやベルギーの「間接統治」が該当します。間接統治とは、ドイツやベルギー等の宗主国が直接支配せず、ルワンダの同じ民族であるツチ族（15％）に、フツ族（84％）やトゥワ族（1％）を支配させ、フツ族やトゥワ族の恨みを、ツチ族に向かわせることです。

その結果、同じ民族同士で恨みあい、争い合い、いつまでも発展しないという、悲惨な状態になっています。

また、フランスやイギリスがアフリカ大陸を定規引いて、勝手に国境を設定し、それぞれが支配した結果、急に家族・親戚同士が敵国になってしまったり、資源の偏りが出てしまい、争いや格差増大に繋がっているのです。

そして、こういった植民地支配を受けていた国々は、ずっと宗主国のプランテーションとして、ひたすら指示された物を作るだけですから、まともに教育を受けたことがなく、政治・行政を担う力はありません。

今村均陸軍大将のインドネシア統治と比較すると、雲泥の差です。第二次世界大戦が終わり、民族自決を実現できても、肝心の政治・行政ができず、国内が乱れ、独裁政権が生まれたり、紛争が起こったり、テロリストが組織されるなどして、発展しにくくなります。

ちなみに、それと真逆な統治をして、発展させているのが日本です。その証拠に、中国・韓国・台湾・東南アジアの国々は、発展し続けています。それは、日本は奴隷をつくらず、教育やインフラを整備しているからです。

現在の国々の発展度合いをみれば、わかりやすいですね。

ここまで、「今だけ・金だけ・自分だけ」になってしまう根本要因を、世界が歩んできた歴史を踏まえてお話をしました。

・「奪い・奪われる環境」から、【争い】が生まれます。
・争いや占領政策を正当化するために、「排他思想」を用いて、【差別の根源】になります。
・植民地支配により、さらなる紛争・差別の悪循環を生み出し【格差の根源】になります。

これらの流れにより、今だけ・金だけ・自分だけ主義が蔓延し、争い・格差・差別がなくならないことに繋がっているのです。

しかし、**この状態を改善し、平和な世の中を実現させることができる、大きな可能性を秘めているのが日本**なのです！

日本はもともと、周りが海に囲まれ、自然環境に恵まれ、争う必要がありませんでした。

それどころか、災害が多かったため、人々は助け合わないと生きていけなかったのです。

そして、自然の恵みに感謝し、お互いを尊重し・助け合って、約1万6千年間、平和な縄文時代を過ごし、和の精神が、培われてきたのです。そして、君民一体という、天皇が国民を大御宝と捉え、国民が応えるという國體により、「争いが少なくなる優れた仕組み」の基に、鎌倉時代以降、天皇・国・地域・家族などから受けたご恩に報いるために、人として正しい活き方を実践する「武士道精神」が磨かれてきました。

だからこそ、僕らのご先祖様は、初代神武天皇が掲げられた、「八紘《はっこう》一宇《いちう》」（みんな屋根の下の家族のように助け合う世にしよう）の、理念を実現させるために、白人からの植民地支配から有色人種の国々を解放させることを目的にして、大東亜戦争を戦い抜き、日本を護りました。

また、植民地支配されていた国々のために命を懸けて独立戦争を戦い、民族自決を実現させたのです。

**助け合う世の中を実現させるために、他国のために命を懸けて、戦う国は日本だけ**です。そして現代に活きる僕らは、その日本に生まれ育ち、ご先祖様のＤＮＡを確実に受け継いでいるからこそ、「日本人のような優しい人で世界が溢れてほしい」と世界から賞賛されているのです。

**僕らには、世界の国々や人々を感動させ、争うことなく、それぞれの強みを活かし・助け合う「真の平和な世の中」に導く力をもっている**のです！ その根源にあるのが、「大和魂」（自分も相手も世の中も思いやれる魂）だと、僕は考えています。

同志で４人のお子様を育てているお母さんで、ホームステイを受け入れている方がいます。そのことも、日本や日本人の活き様を知って頂き、思いやりの心を世界に広げることに繋がる素敵なアクションです。

企業にお勤めの方であれば、お志事を通じて、活き様を魅せて、海外の方々に、「思いやりの心」を広めているのです。現に、出光佐三さんは、アメリカへ石油の販売に行く社員に、こう言っています。

**「君たちは米国に油を売りに行くのではない。日本人の姿というものを、米国人に示してもらいたい。お互いに譲り合い、助け合い、仲良く一致団結して働く日本人の姿を、米国人に見せてくるんだよ」**

僕は、夢・志・大和魂を持って、命を最大限に輝かせる「夢中人」が増えれば、みんなが、それぞれの強みを最大限に発揮して、素晴らしい成果を生み出し、自立した日本になると信じています。そして、そういった自立した日本だからこそ、紛争をやめるように働きかけたり、世界にどんどん和の精神を拡散し、共存共栄の和の世に導くことができると信じています。

ここまで読んでいただき、夢や志を持って、自分の強みを最大限に発揮して、活きていくことが、自分や周りの人を幸せにして、日本も世界も良くすることに繋げることができると、実感して頂けたかと思います。そして次節では、今後の日本や世界に訪れる未来を考えて、ビジョンやアクションを具体化していきましょう！

## 第６節　危機を「チャンスの未来」に変える！「夢中人アクション」

ここまで、日本や世界の現状・課題・原因を考えてきました。

本節は、「世界や日本がどうなっていくのか」という未来を考えて、ビジョンやアクションを確立していきます。

ポイントは次の３つになります。

①ロボットやＡＩ等の最新技術が台頭し、人としてどう活きるかが問われてくる。

②世界も日本も混迷し、世の中に目を向けざるを得なくなってくる。

③最新技術の台頭と混迷した世の中で人生を最大限に輝かせるのが「ぶれない人生軸」

早速、はじめていきましょう。

## ①ロボットやＡＩ等の最新技術が台頭し、人としてどう活きるかが問われてくる。

ロボットやＡＩ等の最新技術の台頭により、「仕事が奪われる」と捉えて、後ろ向きに考える方もいらっしゃるでしょう。しかし、ロボットやＡＩ等の最新技術が、僕らが人間らしく・本当にやりたいことで活きていくチャンスを与えてくれる側面もあるのです。

僕が特に身近に感じるのが、「動画編集」です。今は誰もが、動画を投稿して、想いを発信したり、それを志事にして収入にして、活きていくことができるようになりました。その動画編集は、以前は素人では、とても難しかったのです。編集カットも難しく、何よりテロップ（話した言葉を表示すること）がとても時間がかかっていたのです。恐らく、一つの動画をつくるのに８時間以上かかるのが当たり前でした。

しかし、現在はＡＩにより、テロップが１分くらいで自動的に表示されるようになり、完璧には表示されませんが、だいぶ楽になり、格段に動画投稿が容易になりました。

また、ロボットにより、仕分け作業などの単純作業を担ってくれれば、人間にしかできないマネジメントや企画に集中できるようになり、組織を活性化させたり、素晴らしい価値をつくり出せる環境を与えてくれるのです。

もちろん、これはAIやロボットを例に出しただけであり、あらゆる分野で「人間が人間らしく、自分の本当にやりたいことで活きていける」ようになります。しかし、その際に明確に、「自分はこれがやりたいんだ！こうやって活きていくんだ！」という**「ぶれない人生軸」**がなければ、**そのチャンスを活かす事ができなくなります。**

それどころか、先ほどの「仕事を奪われる」等のように、不安に飲み込まれてしまいます。チャンスを最大限に活かすためにも、「ぶれない人生軸」に磨きをかけていきましょう。

**②世界も日本も混迷し、世の中に目を向けざるを得なくなってくる。**

これから世界では、資本主義・競争社会のひずみに、いよいよ耐えられなくなり、不満が爆発するでしょう米国は、国内が二分され、収拾をつけることに手一杯になり、世界への影響力がどんどん低下するでしょう。今起きているウクライナ紛争等は収まる気配がなく、米国も仲裁できないとなると、さらなる紛争が生まれてきても、おかしくありません。また、欧州諸国も移民問題により、失業率が高くなるとともに、治安が悪化したことで、不平不満が爆発し、暴動が起きて、政権や指導者が変わっています。

そして、中国にも同じことが言えます。中国の経済が低迷し、失業率が高まっており、若者が俯せになって死んだふりした写真を、ＳＮＳに投稿していることが話題になりました。

いつ中国共産党への不平不満が爆発するかわかりません。おまけに中国も少子高齢化が台頭します。あの人口規模での少子高齢化が台頭し、有効な策を打てなければ、今の日本の比にならないくらい、国内は大混乱するでしょう。中国共産党がその民衆の不平不満をそらすために、台湾有事を起こしたり、日本へアクションを起こすことも十分考えられます。その中で日本も、このまま何もしなければ、少子高齢化がどんどん促進され、経済が低迷し続け、国民の生活が苦しくなっていきます。

それにも関わらず、政治は有効な手立てを打つどころか、理念や政策実現ではなく、選挙に勝つための謀略に終始し、各政党が分裂しはじめています。これからさらに、政党内外問わず、分裂し、まとまりを欠き、有効な策は打てなくなるでしょう。

国力が低下し、なにも主張せず、言うことばかり聞いている政治であれば、海外からの圧力も増していきます。現に、中国が日本人の子供を殺害したり、尖閣諸島への圧力も増しているのに、毅然とした態度が取れておらず、エスカレートしています。

そして、外国人をどんどん受け入れていく日本は、残念ながら、埼玉県川口市のクルド人問題のような被害や文化の衝突が増え、治安も悪化し、殺伐としていく。ＬＧＢＴ理解増進法も無理やり可決させたせいで、今まで起きなかった女性風呂に男性が侵入するという事件も起きており、さらに過剰な性教育により、アイデンティティーが喪失する問題も起きてくる。このように、ＬＧＢＴの問題も移民問題も欧米諸国で失敗し、引き締めしている動きの中で、なぜか日本は推進しており、同じ問題が必ず起きるでしょう。そうなったときに、いよいよ僕らも**無関係・無関心でいられなくなっていきます。**

そして、自分・家庭・職場だけでなく、**「おかしくなっている世の中を良くするために、何ができるか、何をするか、何をしなければいけないか」**が問われていきます。しかし、逆に言えば、そういった課題に溢れており、にっちもさっちもいかなくなっている状況だからこそ、**僕らは求められている**のです。

人間は、求められる中で、自分で役割や意義を見出し、それを果たすことを通じて、人生を最大限に輝かせることができます！　だからこそ、「ぶれない人生軸」を確立することで、**どんな時代になっても、人生を最大限に輝かせるチャンスに変えることができる**のです。

逆に世の中に目を向けず、人生軸を磨いてなければ、その混迷とした世の中の動きについていけず、不平不満を漏らすだけの負のオーラに溢れた人生になってしまいます。

**③最新技術の台頭と混迷した世の中で、人生を最大限に輝かせるのが「ぶれない人生軸」**

最新技術の台頭や混迷した世の中に、恐れたり・不安に追われたり、不平不満を漏らすのではなく、むしろ**チャンスに変えて、ワクワクを追いかけ、人生を最大限に輝かせる**のが、夢・志・大和魂に基づく「ぶれない人生軸」ではないでしょうか？

それでは、日本や世界の現状・歴史・未来の考察が一段落したところで、ワークシートの実践に参りましょう。資料としてプレゼントさせて頂きました。カコミラ分析ワークシート２／３の３～５をご覧ください。

（資料：カコミラ分析ワークシート）

３【理想の世界】どんな人で溢れている世界になったら素敵だと思いますか？

４【①現状の世界】今の世界はどんな「良いところ」と「悪いところ」があると思いますか？

４【②改善アクション「理想の世界」にするために何をすることが大事だと思いますか？

５【１～４を踏まえて、理想の社会を創るために、自分ができる行動を明確にしましょう。】

それではまず、当時の就活生の事例をみてみましょう。

３【理想の世界】

**「あたりまえにある日常やチャンスを創って活かし、やりたいことをして活き活きしている人で溢れる世界」**

人種や性別などの不平等を理由にチャンスや日常を奪われるようなことがない社会。例えば、日本はジェンダー平等が遅れており、結婚など制度が整っていない。人の愛という「当たり前」の幸せが奪われている。人にとっての当たり前を守り続けたいと強く思う。

４【①現状の世界】**「世界全体で社会問題（ジャンルごと）の取り組みの差が大きい。」**

4【②改善アクション】**「社会問題について知る。私に何ができるか、社会で貢献できることを夏インターンで知る。」**

5【1～4を踏まえて理想の社会を創るために、自分ができる行動を明確にしましょう。】

**①ＩＴ業界、インフラ業界、（物流業界、建設業界、金融業界）業界・企業についての理解を深めるためにサマーインターンに参加する。自己分析と並行して自分の興味・能力・価値観を明確にして、自分のキャリア形成やゴールを確立する。**

**◆生活の土台をつくる◆活き活きしている人を増やす**

**◆つながりをつくる**

とても素晴らしいですね。日本や世界の現状・歴史・未来の考察を経て、自分が大事にしている価値観を列挙し、志望業界を具体化させています。

さらに、目の前のアクションにまで落とし込み・具体化させるだけでなく、これからも学び続ける姿勢が、本当に素晴らしいです。

引き続き、会社員の方の実践例を見てみましょう。

3【理想の世界】**「豊かさを分かち合い、助け合う世の中」**

4【①現状の世界】**「良いこと：人種や地域により、異なる価値観や多様性にあふれている所」**

**「悪い所：国や人種により、自分がという、差別が強い」**

4【②改善アクション】**「違いを認める寛容さを教え示す」**

5【1～4を踏まえて理想の社会を創るために、自分ができる行動を明確にしましょう。

**「この世の中は、捉え方次第で良くも悪くもなるということを教え、みんなが笑顔で幸せでいられるように、自分が一番世の中を楽しむ」**

こちらも、日本や世界の現状・歴史・未来の考察を、ご自身の身近なアクションに繋げており、シンプルに確立している点が素晴らしいです。捉え方次第で人生が変わるという、「自分が一番世の中を楽しむ活き様を魅せること」を通じて、理想の世の中づくりにまで繋げており、ワクワク感がにじみ出ていますね。

ちなみに、当時２６歳の時の、僕の実践例は以下になります。

３**【理想の世界】「それぞれの強みを最大限に活かし合う和の世の中」**

４**【①現状の世界】「良いこと：確実に便利になり、豊かで健康的に暮らせる世界になっている」**
**「悪い所：今だけ・金だけ・自分だけ主義により、争い・格差・差別がなくならない」**

４**【②改善アクション】「日本を自立させて、和の精神を広める」**

５**【１〜４を踏まえて理想の社会を創るために、自分ができる行動を明確にしましょう。】**
**「本当にやりたいことを志事にして社会で輝く日本人を増やすことで、自立した日本をつくり、和の世の中に導く。」**
**「そのために、教育者や政治家の方に話を聞きにいくために、休暇の時にイベントに参加する。」**

さらに、もしよろしければ、今までのカコミラ分析実践者の例をまとめた、「実現したい社会ビジョン確立ワード（ＰＤＦデータ）」もご参考にして頂けましたら、幸いでございます。

いよいよ次章は、今までのカコミラ分析を総動員して、「ぶれない人生軸」をつくり、アクションを確立していきます。

さらに、その「ぶれない人生軸」を持って、ワクワク・楽しく・本氣に活きるために、何が大切かを、僕が自衛官を辞めてから、営業・アルバイト・講演活動・政治活動への挑戦など、今に繋がる人生の歩みを通じてお伝えさせて頂きますので、ぜひお楽しみに。

# 【3章】「カコ」と「ミライ」を繋ぎ
# 「ぶれない人生軸」を持つ夢中人として活きる

## 第1節　カコミラ分析実践！ぶれない人生軸が完成！夢中人生の第一歩を踏み出す

ミライ分析が終わった26歳の時の僕は、ビジョンやアクションがどんどん明確になり、霧が晴れて、爽快感に溢れていました。

これから休暇を利用して、東京で開催される教育者や政治家の方が参加されるイベントに参加して、もっとビジョンやアクションを具体化させていこうと、希望に満ち溢れていました。そのためには、「今までの分析を総まとめにして、1枚で表せるようにしよう！」、そうすれば交流するときに、大きな名刺代わりに、人にも見せられるし、僕自身も整理されると思いました。

その想いで作成されたのが、資料としてプレゼントさせて頂きましたカコミラ分析ワークシート3／3になります。（資料：カコミラ分析ワークシート）

①【理想の世界】：どんな人であふれている、素敵な社会にしたいですか？
【理想の日本】：どんな人であふれている、素敵な社会にしたいですか？
②【現状の世界】：今どうなっていますか？・改善した方が良いこと
【現状の日本】：今どうなっていますか？・改善した方が良いこと
③【理想の自分・実現アクション】：理想の自分（夢）・実現したい社会ビジョン・実現アクション(志)、喫緊の実現アクション

まずは、会社員の方の実践例を見ていきましょう。（就活生の方の実践は、序章でお伝えさせて頂きましたので、再度改めてそちらをご覧頂けましたら、とても嬉しいです）

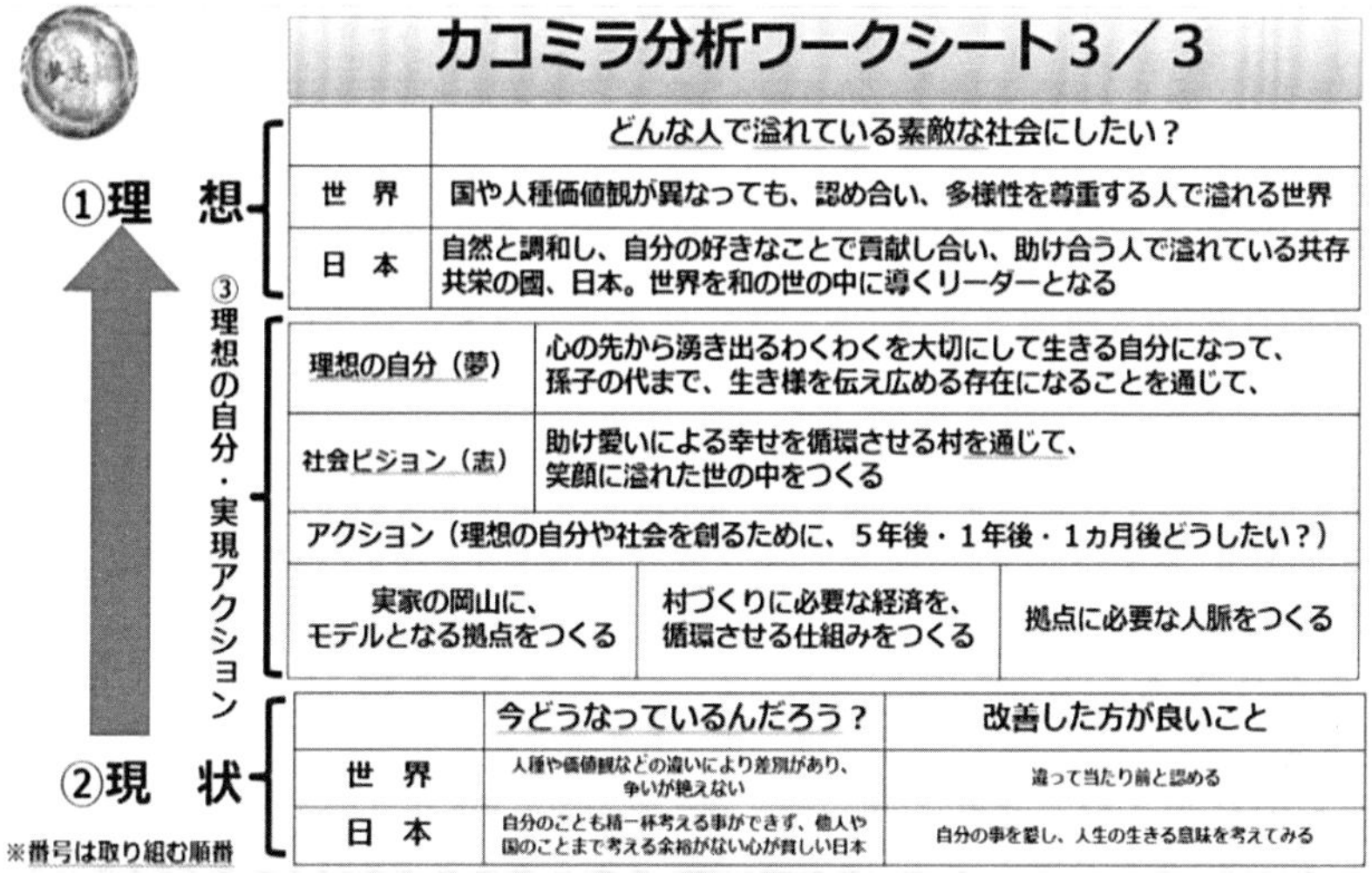


①【理想の世界】
「国や人種価値観が異なっても、認め合い、多様性を尊重する人で溢れる世界」

【理想の日本】

「自然と調和し、自分の好きなことで貢献し合い、助け合う人で溢れている共存共栄の國、日本。世界を和の世の中に導くリーダーとなる」
②【現状の世界】
「人種や価値観などの違いにより差別があり、争いが絶えない」

【改善アクション】

「違って当たり前と認める」

【現状の日本】

「自分のことも精一杯考える事ができず、他人や国のことまで考える余裕がない心が貧しい日本」

【改善アクション】

「自分の事を愛し、人生の生きる意味を考えてみる」
③【理想の自分・実現アクション】
【夢】

「心の先から湧き出るわくわくを大切にして生きる自分になって、孫子の代まで生き様を伝え広める存在」

【志】

「助け愛いによる幸せを循環させる村を通じて、笑顔に溢れた世の中をつくる」

【喫緊の実現アクション】

「一ヶ月後に拠点に必要な人脈をつくる」

「一年後に村づくりに必要な経済を循環させる仕組みをつくる、福島で拠点となる村つくる」

「五年後に、実家の岡山にモデルとなる拠点をつくる」


とても素晴らしいですね！

「活き様を魅せる」＝「ロールモデルをつくる」に落とし込み、村づくりという具体的なアクションを導き出しています。そして、その村づくり及び村の運営を通じて、活き様を魅せて、わくわくする日本人を増やし、助け合いや幸せが循環する世をつくる、本当に素敵です！

この方がワークを実践して下さった後に、「普段の自分の在り方や行動が、人を幸せにして、理想の日本や世界づくりに繋がっていると実感できて、本当に毎日が楽しい！」と仰ってくださったことが、本当に嬉しいです！


また、26歳の時の僕の実践例も載せさせていただきます。
①【理想の世界】：「それぞれの強みを最大限に活かし合う和の世の中」
【理想の日本】：「本当にやりたいことを志事にして社会で輝く人で溢れる日本」
②【現状の世界】：少しずつ便利に良くなっているが、今だけ・金だけ・自分だけ主義により、争い・格差・差別がなくならない
【改善アクション】：「日本を自立させて、和の精神を広める」

【現状の日本】：「豊かで安全安に暮らせるとても恵まれた国ではあるが、自己肯定感や主体性が低くなり、夢や志を持てない教育から、政治もおかしくなり、幕末と同じような危機に陥っている。」
【改善アクション】：「本当にやりたいことを志事にして社会で輝く人を増やす教育実践」

③【理想の自分・実現アクション】
【夢】：「本当にやりたいことを「志事」にして社会で輝いている自分」
【志】：「誇り高く・強く・楽しい日本をつくり、思いやり合う世界を実現させる」
【喫緊の実現アクション】：「一ヶ月後に、休暇を利用して教育者や政治家が参加するイベントに参加して、さらにビジョン・アクションを具体化させる。」
「一年後に、自衛官を退職し、教員になるための勉強をはじめながら、教育ビジネスを実践する。」
「五年後に、教員になり、本当にやりたいことを志事にして社会で輝く人を増やす。」

ぜひ実践して頂き、理想の世界・日本と理想の自分・実現アクションを繋げて、ぶれない人生軸を作ってみて下さい。さらに、もしよろしければ、今までのカコミラ分析実践者の例をまとめた、までのカコミラ分析実践者の例をまとめた、【資料】としてプレゼントさせて頂きました、「夢志確立ワード（ＰＤＦデータ）」もありますので、すぐ言葉に出てこないなぁという方は、ご参考にして頂けましたら幸いでございます。

ここまでカコミラ分析を実践した26歳の僕は、「本当にやりたいことを志事にして社会で輝く人を増やすことこそが、日本を自立させ、世界を共存共栄の和の世に導ける」とビジョン・アクションを確立させました。
そのために、「教育者になりたい！　政治も興味がある！これなら人生賭けられるし、なんて素敵なんだろう！」「もっともっと、ビジョン・アクションを具体化させたい！」と興奮冷めやらぬ状態でした。

そして、いよいよその想いを実現させるために、大きな一歩踏み出します。

次節からは、さらにビジョン・アクションを具体化させる歩みから、「ぶれない人生軸に沿って活きる自分づくり」についてお話をさせて頂きます。

## 第2節　夢中人として活き続けるための「ぶれない」自分づくり

カコミラ分析により、今後のビジョン・アクションが具体化された僕は、本当にやりたいことを志事にする人を増やすために、教育者になりたいという想いは、確立できていたのですが、政治への想いも捨てきれない自分がいることに、氣づきました。

「本当にやりたいことを志事にする人を増やすことは、教育だけじゃなくて、政治も通じてできるよな。どちらが良いのかな?」「だったら、教員の人や政治家が集まるイベントに参加し、直接会って話聞いてみよう!」ということで、イベントを調べてみたら、東京にて、全国から現役の教員の方々が集まる勉強会が開催されることがわかりました。

「現役の教員でもない僕が参加しても良いのかな?」と少し不安になりましたが、「とにかく知りたい!」との熱い想いが先行しすぎて、氣にならなくなりました。そして、次の休暇を利用して、参加することにしたのですが、そこから僕の人生は、夢や志に活きる「夢中人生」へと大きく舵を切る、ご縁を頂くことになるのです。

休暇になって、真っ先に飛行機で、東京のイベント会場に向かいました。現役の教員の方々が50人集まり、厳正な雰囲気が漂う中、授業実践発表の研究会がはじまりました。

とても素晴らしい授業実践ばかりで、「僕もこんな授業を受けてみたかったなぁ」と羨ましい氣持ちでいっぱいでした。そんな時に、僕の心を躍らせる、授業実践された教員の方がいらっしゃいました。

吉田松陰先生を題材に、子供たちに志を抱かせる授業実践でした。僕は吉田松陰先生が大好きでしたし、その松陰先生の教育を研究して、カコミラ分析を作っていました。

目を輝かせながら、「早くこの先生とお話させて頂きたい！」と発表中にも関わらず、今すぐにでも前に出てしまう勢いで、前のめりになって学ばせて頂きました。その教員の方こそ、現在、夢志教師塾塾（教育者が夢や志を持って、実現に向かって、学び・行動する場の運営）の代表を務めて下さっている、現役教員の小出潤先生です。

小出先生は、吉田松陰先生が松下村塾で実践し、伊藤博文や山縣有朋をはじめとした幕末の志士を育成した教育を、「吉田松陰流教育」として体系化し、子供たちへ実践されています。『吉田松陰流教育』（万代宝書房）も出版されており、教育者問わず、大好評です！

教員の方々との学び後の懇親会

僕は懇親会のときに、隣の席に座らせて頂き、僕の夢や志を、お話させて頂きました。小出先生も僕と同じ想いや志を持たれており、すぐさま意氣統合し、その後、休暇の度に東京へ行き、お話させて頂くようになりました。何回かお会いして、僕も27歳になった時、小出先生がこんな話をして下さいました。

**「星さんの、つくりたい日本や世界、育成したい人を聞いていると、神谷宗幣さんにそっくりですね。この本読んでみたらどうですか？」**

そのご紹介頂いた本が『大和魂に火をつけよう』（神谷宗幣著　青林堂）でした。

読ませて頂き、僕の身体が燃えていると実感できるほど、熱さを体感し、僕の心に火が点きました。本に書かれていたことで僕の心に火が点いたのが、以下3点です。

②「大和魂に火をつけること」は、人が幸せを多く感じることができること。

②「大和魂に火をつける」ために、市議会議員を2期勤められながら、全国に志を共にする議員の仲間を集め、日本を変える活動をされていたこと。

③現在は、若者の心に火をつけるために、講演活動やYouTubeで、日本や世界の現状・歴史等の多彩なコンテンツを発信されていること。

正に政治活動や教育活動を通じて、大和魂に火をつけて、理想の日本や世界をつくろうとされている神谷さんの活き様は、僕の理想そのものでした。「神谷さんとお会いして、お話させて頂きたい！そしたら、絶対に自分の人生が変わる！」そう感じたら、無我夢中になって、自分の夢や志、ぜひお会いしてお話させて頂きたい旨のお手紙を書いて、お送りさせて頂きました。正直、お返事を期待していたというよりかは、「とにかくこの想いを伝えたい！何か行動を起こしたい！」という氣持ちでした。そしたら、約2週間後に、お返事を下さり、なんとお会いして下さることになったのです。

そして、東京にてお会いし、ありったけの想いをお話させて頂きました。神谷さんからは「**星さんみたいな、地方でくすぶっている若者を待っていた。昔の自分の想いを思い出せたよ**」と言っていただき、さらに、「**政治家を変えようとしても、変わらなかった。それよりも、国民の意識を変えないと政治も変わらないし、日本も変わらない**」というお話を聞いて、僕の教育者や政治家になる想いは、キャンプファイヤーのように大きく燃え上がりました。

27歳の時の僕は、次のように決意します。
「本当にやりたいことを志事にして社会で輝く人」を増やすための教育事業を起こそう。そしてお金・実績・同志を集めて、政治家になる。政治を通じて、人々の夢・志・大和魂に火をつけながら、戦後つくられた教育を含めた「仕組み」をひっくり返すことで、誇り高く・強く・楽しい日本をつくり、思いやりに溢れる和の世の中を実現させよう！

そう思い立ったら、いてもたってもいられなくなりました。「生まれ変わっても自衛官になりたい」という活き様を魅せて下さった上司の自衛官に、退職の想いをお伝えしたのです。ものすごく、僕のことを心配して下さり、「本当に大丈夫か？」「生活はどうするんだ？」「そんな甘い世界じゃないぞ」と諭して下さいました。僕の想いは変わりません。

しかし、両親も同僚も先輩も、みんな同じように心配の声をかけて下さる内に、不安になっていきます。「本当に大丈夫かな？」「もしかしたら、人生狂わせてしまうのかな…」「でも、このまま自衛官のままで、本当に後悔ないかな…」

当時、お付き合いしていた2歳年上の彼女もいたので、本当に迷いました。やりたいことは明確になりましたが、「リスク」で迷いが生じました。

高杉晋作

その時に僕が思い出したことは、幕末の志士である高杉晋作の言葉でした。高杉晋作は、長州藩（山口県）の志士です。当時、長州藩は、徳川幕府に追従する藩政府が中心になっていました。しかし、高杉晋作は、英国に植民地支配された清を間近で見たり、下関戦争で海外の国にボロボロにされた経験から、次記のように考えていまし

た。

「このままでは西洋列強に日本が侵略される。早く徳川幕府に変わって日本を強くしなくてはいけない！」

それにも関わらず、徳川幕府に従い続ける藩政府（約２０００人の戦力）に、高杉晋作は見切りをつけて、反旗を翻します。しかし、仲間は賛同してくれません。それはそうです。

今でいえば、県警を相手に県庁を占拠しようと、仲間に呼びかけていることと同じです。そんな時に、仲間に伝えた言葉が次記になります。

「わかった。もはや諸君には頼まない。ただ、馬を一頭貸してくれ。僕は萩へ行く。そして大殿様と殿様をお諫め申し上げて腹を切ろう。萩に向かって一里行けば一里の忠を尽くし、二里行けば二里の義をあらわす。今はその時ぞ」

つまり、仮に自分一人しか集まらなくても、自分は行く。それで仮に死んだとしても、自分なりに日本を守るという**「大義に活きたこと自体に価値がある」**というメッセージです。「**「うまくいくかどうかではなく、やる価値があるかどうかが大事」**ということです。

現代の「できなくては意味がない」、「結局はお金がないといけない」等の「結果」に価値を見出す考えではなく、**「想いや行動そのもの」に価値を見出す考え**は、僕に激震をもたらしました。このことを思い出した上で僕は、将来の２人の僕を想像してみました。

一人目は、このまま自衛官を続けている僕です。

「恐らく、結婚して、子供もできて、一軒家に住んでいるんだろうなぁ」

そして、定年の50代まで勤め上げた時に、今までの自衛官人生を振り返ります。

「そういえば、27歳の時に、俺はこの分野なら、命かけられるって思ったよな」

「50代の今からでもできるかな…」

そう思った時に、とてつもない悪寒が背中を凍らせました。

「なんで、挑戦しなかったんだろ…」

「やっぱ戻りたい！あれ、でも戻れない⁈時間を巻き戻せない！嫌だ！嫌だ！嫌だ！」

ここで一人目の僕の想像は終わりました。背中が汗でびっしょりに濡れて、ベッドが灼熱のように熱かったことを覚えています。

２人目は、自衛官を辞めて、教育・政治の道に進んだ僕です。

あえてうまくいかない僕を想像してみました。失敗して、お金も家もなくなり、ホームレスになっています。

そして、雪がぽつぽつと、段ボールの中に振りすぐ中、僕は「くの字」になって、最期を迎えようとした時に、これまでの人生を振り返ります。

「ああ失敗したな…」「まぁでも、あの時うまくいくって思ったからなぁ、しょうがないわ…」

最悪の状況なのに、なぜか晴れ晴れとしていたのです。

この時に、高杉晋作の話と相まって、理解できました。

「そうか、大事なことは、後悔しないことなんだ」「うまくいくかどうかじゃない。やる価値があるかどうかが大事なんだ。だって、**自分の強みを最大限に発揮して、より良い日本を未来に繋ぐために、一生懸命がんばったんでしょ。それだけでも、すごく尊くて素敵な人生じゃん**」「もしかしたら、高杉晋作も同じだったのかな」

この日以降も、様々な方々から、「やめた方がいい」、「やめさせたくないんだよ」と、僕を想って、言ってくださった方々からお声を頂きました。こんなに想って頂き、感謝しかありませんでした。しかし、僕の氣持ちは全くぶれることはありませんでした。

そして、28歳の9月に退職し、その3日後には、上京して通信大学に通いながら、教育事業の立ち上げのために準備する日々を送ります。このように、「ぶれない人生軸」をつくっても、現実を生きていくうえで、どうしても迷いが生じてしまうことはあります。感情のある人間ですから、何か人から言われた言葉や、がんばっても、うまくいかないことがあったり、不幸等もあれば迷うこともあるでしょう。

しかし、大切なことは、「できる・できない」・「損か得か」ではないのです。「やる価値があるかどうか」が大切であり、あとは、自分の道を極める活き様自体が、とても尊く・価値があるのです。

『成功に価値がない！』（執行草舟著　ビジネス社）という本に以下の記述があります。

「わが身を捨てて何かに尽くす」「私は、これが本当の幸福論であるし、人間の根源だと思っています」

「人が人として、生きるということは何か崇高なもののために命を捧げることなのです」

つまり、価値があると、自分が考えたものに、全力を尽くすこと自体に価値を見出しているのです。そして、夢や志を基につくった「ぶれない人生軸」があれば、迷いはあっても、**まるで竹のように、どんなにググっと押されても、折れることなく、基に戻るどころか、さらに強く・深化し、レベルアップし続けることができます。**

退職前の送別会にて

大事なことは、**過去や未来に捉われることなく、「今ここ」に活きること**です。そして僕が座右の銘に掲げているのが、「狂愚至誠通天」（きょうぐしせいつうてん）です。何があっても、どんなことがあっても、夢や志の実現のために、愚かに狂って、最善を尽くせば、必ず天に通じて、生死を超えて実現できる。

正に、吉田松陰先生が証明してくださっています。

## 第3節　どんなことがあっても「幸動し続ける」自分づくり

退職した後、実家に戻ることなく、３日後には上京しました。

通信大学で教員免許を取得しながら、このカコミラ分析によって、本当にやりたいことを「志事」にして社会で輝く「夢中人」を増やす教育事業を実施することに決めていたからです。日雇いのアルバイトをしながら、通信制大学で教員免許を取得するための勉強をしていました。また、神谷さんが主宰している学び場で、日本や世界の現状・歴史・未来を学ばせて頂きながら、小出先生や想いを共有できる教員の方々と一緒に学び合う勉強会を月１回開催させて頂きました。

さらに、高校生にキャリア教育を実施しているNPO団体のボランティア活動にも参加するとともに、教員やビジネスマンが参加される勉強会にも参加させて頂きました。

勉強会で学び合う様子

22歳から28歳までの約６年間、公務員の世界しか知らなかった僕は、政治家・ビジネスマン・教員の方々から、たくさんの学びとご縁を頂きました。確かに、仕事・通信制大学・勉強会の開催・ボランティア活動などなど、毎日何もしない日はなく、自衛官時代より目まぐるしく忙しい日々を送りました。

しかし、自身の成長と素敵な日本や世界づくりに繋がっているという実感を得られている日々は、今までになく充実していました。しかし、充実して、心に火が点けばつくほど、新たなステージに立ちたくなってきました。神谷さんの学び場で学ばせて頂く度に、日本を憂うる氣持ちが高まるばかりです。そして、「もっとたくさんの人の夢・志・大和魂に火をつけていきたい！」という想いが、日に日に強くなっていきます。確かに教員免許を取ることも大切ですが、それよりも、このカコミラ分析を通じて、「ぶれない人生軸」を持つ人を増やし、その仲間と一緒に、より良い日本をつくる活動がしたい！という氣持ちが勝ってきたのです。

そのために、「ビジネスを学びたい！起業の仕方を学びたい！」と思った僕は、通信制の大学をやめました。そして、家系図販売の営業のお仕事をさせて頂きながら、起業を学ぶビジネススクールに通うことにしたのです。さらに、小出潤先生にも、今後のアクションについてご相談させて頂きました。そうしたら、「教員が夢や志を持てる学び場をつくりましょうよ。そうすれば、夢や志を持った教育者を通じて、子供達も夢や志を持てますよ」と仰って下さり、胸が躍りました。

そして、現在の「夢志教師塾」が誕生したのです。

夢志教師塾では、カコミラ分析の内容で夢や志を磨くだけでなく、国会議員の方をお招きしてセミナーを開催し、「子供達が夢や志を持てるような教育を実現するために、自分たちに何ができるか」を、同志と一緒に学んでいます。さらに、現役教員の山田将由先生にご協力頂き、仕事力を高めるセミナーも開催させて頂きました。

大変お忙しい中でもご参加頂くとともに、ご協力頂いている同志の方々には感謝しかありません。ビジネスを学びながら、夢志教師塾という、夢や志を持てる学び場を運営する。今振り返ってみれば、本当に素晴らしい日々を過ごしていたと思います。

特に家系図営業のお志事を通じて、経営者の方々とのご縁を頂き、学ばせて頂いたことは僕に、ビジネスが秘める素晴らしい可能性を教えてくれました。家系図は自分のルーツを知り、自分が天から与えられた役割を知り、自信と誇りを持って活きることができる素晴らしい物です。

特に経営者の方々は、ご先祖様から会社を引き継ぎ、経営されている方が多いため、家系図を求めている方が多かったのです。その経営者との交流の中で、日本の経営の素晴らしさを知ります。

日本は、天皇が国民を大御宝と捉え、国民がそれに応えるという「君民一体」の國體で、運営されてきました。**経営者も社員を大事にして、社員も自分を大事にしてくれている会社や経営者に応えるという形だったからこそ、戦後の焼け野原から、高度経済成長を経て、経済大国第2位の豊かで安全安心な日本を、僕らに繋いでくださったのだ**ということが体感できたのです。

例えば、ある経営者の方とご縁を頂き、会社訪問をさせて頂く機会がありました。社員食堂というものがありました。この食堂は社員の方が月に数千円払えば、毎日お昼ごはんを食べることができます。食堂の雰囲氣も、とても人情味が溢れていて、温かったです。その時のメニューはコロッケ定食でした。大きなコロッケ２コと大量の野菜と、お漬物、お味噌汁などお腹いっぱいに食べられる豪華メニューです。さらに、ごはんは、白米か、たけのこご飯を選べるのです。僕がごはんをよそおっていた時に、食堂のおばちゃんが、「あんた若いね！もっと食べな。これサービスだよ！」とコロッケを追加でくれました。

本当に温かく、人情味が溢れていて「この会社のために頑張りたい！」と思える、とても素敵な会社でした。

実はこういった、社員を大切にする福利厚生は、戦前の日本からありました。

アメリカ人女性学者のヘレン・ミアーズは、昭和10年（１９３５年）に大日本紡績の東京工場を視察し、１６

ヘレン・ミアーズ
「人事部長の教養」より抜粋

歳の女子工員にヒアリングしました。住み込みで工場で働き、給料を貰いながら、国語・算数・地理・歴史・修身等の学びも得ていました。

さらに、料理や裁縫や生け花など、手に職をつける技術にも磨きをかけることができていました。売店もプールもあり、家賃も食費も会社持ちです。貯めたお金は実家に送金し、結婚資金として貯めていました。そして、結婚した際に職場で身につけたスキルを活かして、良妻賢母として幸せに暮らしていたそうです。

ここまで会社が社員を大切にしてくれれば、社員も会社のために頑張ろう！という想いが沸き出てくるのも不思議ではありません。そもそも、**戦前の日本〜１９９０年代頃（戦前生まれの日本人が主体だった）までは、経営者と社員は家族であり、敵対するものではありません。**使用者と労働者という形で対立構造をつくったのは、ＧＨＱの占領政策により、労働組合がつくられてからです。

確かに労働組合ができたことでの恩恵もあったでしょう。子供や女性を奴隷として扱っていたり、多民族国家であった外国では労働組合が必要であったのでしょう。

しかし、日本は、比較的争いが少なく、相手を思いやり合い、協調していく形で発展してきた国です。海外のやり方を無理やりあてはめられた結果、使用者と労働者の対立・分断が生まれ、労働生産性の低さ等のあらゆる問題につながっているのではないでしょうか。

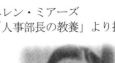

今こそ日本が歩んできた歴史を踏まえて、現代の活かせる部分を組み合わせて、**協調性が高い日本の国民性に合った、企業・経営・働く環境の形をつくっていくことが求められています。**

さらに、日本精神と西洋の精神を組み合わせたマーケティング手法を伝えている会社の社長様ともご縁を頂き、

「絆徳経営《ばんとくけいえい》」という考えを学ばせて頂きました。

経営やサービス提供を通じて、社員との絆・お客様との絆を大事にする経営こそが、これからの新しい時代に求められるとともに、日本の経営手法であるということです。

そして、ビジネスの力で日本を救った、出光佐三さんや鮎川義介さんのことを知ります。出光佐三さんは、出光興産の創業者です。出光さんは、戦後間もない頃に、イランから安価に石油を輸入することが、イラン国民や日本人を救うことだと確信していました。しかし、国際石油資本（セブンシスターズ）と呼ばれるイギリスの大手石油会社の集団は、搾取してきたイランが勝手に他国と貿易をすることに反対でした。そして、イランから石油を輸入した船は、打ち落とすと圧力をかけます。

志高く、信念を貫き通す出光さんでも、船員の命がかかっており、さすがに躊躇します。しかし、そんなときに日章丸（石油を輸入するためのタンカー）の船長が、「このときを待っていました！」とばかり、イギリスに見つからないペルシア湾の航路を研究していたというのです。

そして、無事にイランから石油を輸入し、安価に日本に石油を提供できるようになりました。イラン人からも感謝されるとともに、日本人も感激します。**「戦争に負けたけど、しっかり意地を通してくれた。自分達も出光さんに負けないように頑張ろう！」と当時の日本人の心に火が点いたのです。**そして、安価に輸入した石油と心に火が点いた日本人により、高度経済成長を遂げるのです。

さらに、日産グループ創業者の鮎川義介さんです。鮎川さんは、戦後に海外の国から、日本の車・海洋資源・メディア等、あらゆる資源を奪われたくないとの想いで、日本水産・日産など1万を超える会社を立ち上げるとともに、築いた資産を、さらに

鮎川 義介

日本を守るための事業をする会社づくりに充てました。これらの経験から、日本の経営者・ビジネスの素晴らしさ、力を体感し、僕も経営者として、ビジネスを通じて、日本を護りたいと思いました。考えてみれば、明治維新も政治の力だけで実現できたわけではありません。

岩崎弥太郎・渋沢栄一・福澤諭吉など、民間から働きかけて、その国力があったからこそ、危機を乗り越えることができました。本当にやりたいことを志事にする人を増やすために、夢・志・大和魂に火をつけるということは、教育だけでなく、民間事業や働くことを通じて、感化される人も多いのではないかと考えました。夢や志を持った人で溢れる日本をつくりたいなら、そのアプローチも必要だと考えました。

その一環として、「夢や志を持つためのビジネスマン向けの松下村塾をつくり、同志と一緒により良い日本をつくりたい！」との想いで、草莽の本氣塾（そうもうのマジじゅく）を立ち上げました。カコミラ分析の学びだけでなく、「理想の日本を自分たちでつくる」という想いの基、チームを編成し、その活動を通じても、夢や志を磨ける学び場になっています。おかげさまで、同志の方々にご協力頂き、「教育・農林水産食・伝統文化・最新技術・マーケティング」の5チームに分かれて、活動して、夢や志を深化させています。いつも一緒に活動し、夢や志に活きられているのも、同志のおかげであり、本当に感謝です。

さらに、家系図販売のノウハウを教えて下さった経営者の方からも、人として大切なことを教えて頂きました。僕は家族とあまりコミュニケーションを取ろうとしてきませんでした。正確には覚えていないのですが、１９歳の時に、山口県の光市で起きた母子殺害事件の裁判で、あまりにも身勝手な主張をする犯人なのに、無期判決になった様子を、何かのドキュメンタリー番組で見たことがありました。（後に死刑判決になりました）

この時に、猛烈に怒りが湧いてきて、そこから、国会中継等にも興味を持つようになり、世の中に対して、目を向けるようになったことを覚えています。

「どうして、こんなひどいことしたのに死刑にならないんだろう」「どうして、麻生さんじゃダメなんだろう」（当時民主党の政権交代の年でした）「どうして、尖閣諸島をジャイアンみたいに、後出しで権利主張した中国に、強く言えないんだろう」などなど、疑問に思うことがいっぱい出てきました。

そこで身近な大人である両親に質問しましたが、帰ってきた答えは、「しょうがないでしょ」、「はいはい」など、適当にあしらわれるような感じでした。そんなときに、通学していた、公務試験に合格するための専門学校の先生に聞いてみたら、きちんと答えて下さったり、一緒に考えて下さったのです。

その時から僕は、基本的に家族には相談しなくなり、信頼できる他の人に相談するようになりました。

そういった身の上話を経営者の方にお話をしたときに、諭されるように言われました。

**「陽介、そんな根無し草ではやっていけなくなる時が来る。今からでも遅くないから、ご両親が、産んで育ててくれたことに感謝した方がいい」**

**「ノートに、日々恩恵を受けていることに『ありがとう』の一言を書くことから、はじめてみなさい」**

当時は氣が乗りませんでしたが、尊敬する方が仰るのであれば、ハードルも低かったので、実践してみました。

約3週間継続して書いていた頃に、心が爽快になっていく自分を感じました。

「僕は、家を作ってくれた人がいたから、家に住み、無事に朝起きることができている。電車に乗れるから、移動して志事ができている…」というふうに、**あらゆることに感謝の心を持つことができてから、日々幸せを感じる瞬間が、たくさん生まれてきて、爽快な氣持ちになりました。**

「自分はなんて、小さなことで、両親と距離を取っていたのだろう。この時代に生まれ、ここまで育てて・支えて下さったおかげで、今活きられている。なんてありがたいんだろう」と、素直に受け入れることができてから、家族とも関係がよくなりました。

しかし、そんな中、今まで経験したことのない試練に直面します。まず、営業です。もともと、自己肯定感が低く、人に嫌われたくないという思いが強かったため、商品を勧めることに抵抗がありました。お客様と信頼関係をつくり、求めていることを引き出し、自分の商品で解決できることを、魅力的に伝わるように、お話ができるようになるまで、とても苦労しました。貢献できていないことがとても心苦しく、罪悪感でいっぱいになり、さらに自己肯定感が低くなっていきます。

さらに、通っていたビジネススクールでトラブルが起きました。そのスクールで、営業や自己啓発に関しては、素晴らしい学びを得られました。細部費用を言うことは控えますが、数百万円です。

「そもそも、そんな起業スクールにはいるな！」というお話かもしれませんが、当時の僕は、そのスクール運営者のカリキュラムや人柄に魅力を感じてしまったのです。あとは、もともと、お金を大切にしようという意識が欠けていたことも反省点です。さらに、せっかちな性格で、分析したり、比較検討することなく、感情で動いてしまうところも相まって、大変な事態を引き起こします。

なんと、数年後には一括で全額支払う旨の記載が、数契約書に書かれていたことも知らず、ハンコを押してしまっていたため、一括請求されてしまったのです。毎日のように電話がかかってきて、お金の請求をされました。

しかも両親にまで連絡がいき、迷惑をかけてしまいました。なんとかお金を工面してもらい、事なきを得ました。しかし、自分の非常識さと未熟さに、本当に情けない氣持ちでいっぱいになりました。自己肯定感が地の底にまで落ちてしまい、行動がとまってしまいました。さらに問題なことに、その不安を払しょくするために、さらに別のビジネススクールに通ってしまうのです。もちろん、そんな状態で通っても成果が出ることはなく、なかなか事業としてやっていけるようにはなりませんでした。自分の非常識さ・未熟さ・弱い自分に負けてしまうところ等々、どうしようもないところまできてしまいました。

そんな僕を救ってくれたのは、吉田松陰先生の活き様でした。吉田松陰先生は、ペリー来航に伴い、もっと学び、日本を護れる自分にならなくてはいけないと志します。

そこで同志とともに東北一帯を旅して、現地の海防防備体制を視察することを決めました。しかし、藩からの許可が遅くなり、同志との待ち合わせ時間に間に合わなくなることを、危惧した松陰先生は、その許可を得ることなく、旅に出てしまいました。一見、無茶苦茶なことのように見えますが、当時はメール等ありませんので、手紙しか遠方の相手に伝達することができません。

同志との約束をすっぽかすことは、長州の恥ともなる。誠実で、誇り高く生きる松陰先生らしい決断です。しかし、当時は藩の命令に背くことは重罪であり、松陰先生のご家族は、後ろ指を指されることになります。

もちろん、後々に藩から咎められてしまい、江戸の遊学は認められるものの、武士としての身分を失うことになります。しかし、それでも松陰先生は止まりません。今度はペリーの黒船に乗り込んで、アメリカを学び、日本を護ることを決意した松陰先生は、弟子の金子重之助とともに、乗り込みます。

しかし、当時日本と条約を結んでいたペリーは、日本との関係を悪くしたくないと考えて、近くの浜に送り返されてしまいます。荷物を積んだ船を捨てて、黒船に乗り込んだため、幕府にばれるのは、時間の問題です。金

吉田松陰先生と金子重之助

子重之助は切腹を提案します。

しかし、松陰先生は以下のように諭します。

**「重之助よ、今日も太陽は出てきて、私たちに恵みを下さる。どんなときでも、休むことなく、私たちに恵みを下さっているのだ」「私たちは、天から、天命を与えられ、天の恵みにより活かされている。何があっても、その恵みに応えるように精一杯活きなければ、泊るだけ泊って、宿代を踏み倒す輩と同じであり、最も恥ずべきことではないか」**

この言葉により、切腹を留まった金子重之助と松陰先生は、自首します。

松陰先生と金子重之助の志に感激したペリーの助命の手紙により、死罪は免れますが、長州にある野山獄と岩倉獄に捕まってしまいます。金子重之助も獄死してしまい、さらに家族が後ろ指さされることになり、松陰先生も落ち込んでしまいます。

それでも、止まることなく、それどころか、**この状況だからこそ、より「志士として恥じぬ活き方をする！」**との想いで、**獄の中でできることをする**決意をします。

**「いかなる時でも、至誠を尽くす」活き様を貫き、**獄の囚人に講義をしたり、囚人の強みを活かした勉強会を開催し、大和魂に火をつけます。

その勉強会があまりにも素晴らしく、その功績が認められ、松陰先生は出獄できました。今でいえば、無期懲役囚が、刑務所で素晴らしい勉強会をして、出所できたことと同じでしょうか。本当に奇跡的なことです。

出獄できた松陰先生は、実家で松下村塾を引き継ぎ、家族や若者向けに、勉強会を開催し、若者の心に火をつけていきます。そして、日米修好通商条約を結んだり、安政の大獄等、幕府の失政に対し、憂国の想いを高めた松陰先生は、老中の暗殺を企てた危険人物として、処刑されます。一見、周りに迷惑をかけて、牢獄に2度も入り、罪人として処刑され、何も成していない人生のようにも思えます。しかし、日本を本氣で守りたいと考え、そのために自分がどうあるべきで、どうするべきかを真剣に考えて行動し続けて、活き切りました。その活き様に魅せられた、松陰先生の弟子をはじめ、１６０年の時を超え、僕も含め、今でも多くの人々の心に火をつけています。

しかもその多くの弟子により、近代国家日本がつくられ、日本が護られ、世界から賞賛される国になったことは事実なのです。正直、僕も同じじゃないかと考えるのは、あまりにも烏滸がましいと思います。

しかし、「そうか、これで終わりじゃないと考えてもいいかもしれない。まだまだこれからと考えてもいいんじゃないか！」と捉えることができ、とても救われました。

大学生が集まる場での初講演の様子

**「何があっても、最善を尽くす。これでいいんだよ。ここにこそ価値があるんだよ。自分かどうとか関係ない。天や多くの人たちからの支えがあって今の命があり、僕がある。とにかく、そのことに恩を返す人生にしよう。そうすれば、きっと大丈夫」**

そう考えた僕は、ある就活アプリを介して、就活生向けに自己分析の相談に載る活動をはじめました。きっかけは、ある大学生が集まるコミュニティーで、講演させて頂いたことがあり、とても刺さった人が多かったからです。もしかしたら、このカコミラ分析だけでなく、しくじってきた話も含め、若者に話をすることに価値があるのかもしれない。それならこの経験も無駄にならない。そう思えてから、さらに僕は走り続けました。

毎日就活生の方々と自己分析させて頂きながら、あらゆるＳＮＳで活動や想いを発信したり、ご縁をつくり、コミュニティーで講演させて頂きました。そうしたら、ある学校の先生の目に留まり、キャリア教育カリキュラムの一環として、

学校でのキャリア教育講演の様子

講演して頂きたいとのご依頼を頂き、講演させて頂きました。学生たちの反応がよかったのか、次回のご依頼も頂けて、現在の講演活動に繋げることができたのです。

さらに致知出版社の方とご縁を頂き、インタビュー記事（２０２２年10月号）を載せて頂けることになりました。修身教授録をはじめ、致知出版社の本が、僕の人生を変えるきっかけを下さり、僕の人生を大きく飛躍させ、僕の人生を支えて下さりました。本当に素敵な機会を頂けたことに感謝しかありません。

それもこれも、**どんなに嫌なことがあっても、迷いはするも、辞めることなく、幸動し続けたからこそ、ご縁を頂き、チャンスを掴めた**からです。

踏ん張れたのも、カコミラ分析による夢・志・大和魂に基づく「ぶれない人生軸」のおかげです。そして大事なことは、常に「ぶれない人生軸」に磨きをかけ続けることです。

そのために僕が実践したことは、毎朝カコミラ分析の流れに沿って、自分の原点となった本を読み返すことです。

◆人間学→『修身教授録』、『吉田松陰流教育』、『先生、教えて！勉強ぎらいなボクが親も学校もきらいなワタシが　思う50のギモン』（片川儀治　著　万代宝書房）

◆理想の人生モデルづくり→『大和魂に火をつけよう』

◆自分の強み→『実践したワークシート』

◆日本のリアル→『近世日本は超大国だった』

◆日本ストーリー→『ねずさんの昔も今もすごいぞ日本人』（小名木善行　著　彩雲出版）

◆世界のリアル『シン・鎖国論』（山岡鉄秀　著　方丈社）

致知随想インタビューの様子

◆世界ストーリー『日本人はこんなに素敵だった』

これらの本の、特に氣にいった文章に付箋貼って、そこだけを毎朝見てから、1日をスタートさせます。そうすると、常に「自分が大事にしている価値観」や「なんのために自分が活きているか」を確認できるとともに、深化させることができるのです。一見同じ箇所を毎日見ているので、確認ぐらいしか効果がないように見えます。

しかし、日々、年を重ねて、たくさんの学びや経験をしていき、自分が成長すればするほど、同じ個所でも、新たな氣づきを得られるようになるのです。カコミラ分析に沿って、自分の原点となった本ですから、その本は正にあなたにとって、「スルメイカ」のような本であり、文章なのです。スルメイカは噛めば噛むほど、味が変わり、深くなります。これを毎日実践し、ご自身の「ぶれない人生軸」を固めつつ深化させていけば、どんなことがあっても、その軸が折れることはなく、進み続けることができ、チャンスに恵まれ、必ず成幸できるのです。

何があっても幸動し続けるための工夫として、僕が実践しているビジョンマップやシートをプレゼントさせて頂きます。（ＰＤＦデータ）※あくまでご参考までに

【資料】「星のビジョンマップ」は、自分の活動を図式化してみました。

【資料】「夢志幸動シート」は、人生・1年後・1か月後・1週間・1日毎に計画や目標を立てて、自分の日々の行動が、どこに繋がっているかを、常に見える化していきます。

そうすれば、**進んでいるという実感が得やすくなり、自己肯定感が高まったり、日々が楽しくなります。**大事なことは、**ビジョンとアクションを繋げて・見える化を図り、楽しく幸動し続ける仕組化**です。ぜひご自身なりに、

楽しく幸動し続ける仕組みをつくり、実践・蓄積改善してみて下さい。そのこと自体がとても楽しいんです。

人生最大の試練を迎え、迷いながらも、幸動し続けて、希望の光が見えて、そこに向かって確実に進んでいました。そんな時に、さらに僕の行動を劇的に変える出来事がありました。皆さまもおそらく同じ方もいらっしゃるのではないでしょうか。

## 第4節　夢や志を実現するために、「絶対に必要なもの」とは

２０２０年初旬、新型コロナウイルス問題が発生し、４月に緊急事態宣言が発令しました。僕はその時に、東京で活動しておりました。９割以上の人がマスクをして、外出も控えていた時期です。しかし、僕は純粋な疑問から、少し違和感がありました。

「ウィルスってマスクの穴を通り抜けるくらい小さいよな。それで本当に防げるのかな」「メディアでは、みんな一律に同じことしか言ってない。しかも、なんか不自然なくらい不安をあおっている感じがする。なんか怖いな」「あれっ、東京でもみんな普通に外出しているぞ。なんかメディアと現実が乖離してないか？」

そして、僕の周りの経営者から、緊急事態宣言により、経営が難しくなっている声が、たくさん聞こえてくる。アルバイト先で一緒に働いていた、ある料亭を営んでいる方は、「緊急事態宣言が終わっても、学校の先生が宴会で使用してくれることで成り立っていたお店で、先生たちが来なくなってしまったから、売り上げが半分になってしまい、たたむしかない」と仰っていました。そういう声が聞こえる中でも、氣づけば東京では、満員電車になっているし、みんな外出して、いつも通り歩いている。

しかし、メディアは、意見が変わらず、単に不安を煽るだけ。「なんかおかしくないか？」と身に染みて感じました。もともと、あまりメディアは信用してなかったけど、こうもあからさまにおかしくなっている状況に、自分が立ち会っていることを実感します。

そして、確信に変わったのが、ワクチンの接種です。

「１年も経たずして、人間に打たせること」「必ずリスクがあるはずなのに、全く知らせることなく、打つことしか報道しない」「リスクのある動画や投稿が消される」

医療について知識がない僕でも、違和感しかありませんでした。僕は決して、マスクをする人やワクチンを接種した人を否定しているわけではありません。政府やメディアが、マスクやワクチンについて、他の見方をしている専門家や意見を、あからさまに否定していること自体に違和感があるのです。

それはまるで、僕が今までお話してきた、日本人から見た歴史を、意図的に否定している米国の占領政策と重なって見えたのです。

さらに、ＬＧＢＴ理解増進法案の強行採決です。僕は決して、ＬＧＢＴＱの方々を否定したいわけでもなければ、性教育をすること自体を否定しているわけではありません。

しかし、ＬＧＢＴ理解増進法により、幼少期からの過剰な性教育を実施する動きや、女性トイレをなくす動きが起きていることに懸念があるのです。幼少期からの過剰な性教育により、自分が男なのか女のかわからなくなってしまい、アイデンティティーを喪失し、不安定な状態で、性転換手術をしてしまい、取り返しのつかない状態になっている子供が米国で増えています。

それに怒ったお母さんたちが立ち上がり、各州ごと、反ＬＧＢＴの動きが加速化していることを知りました。

さらに、英国では、女性用トイレをなくして、性犯罪が急増し、現在は女性トイレ設置仕直している動きになっている。（令和5年東洋経済Online 掲載）

さらに、ＬＧＢＴ理解増進法案を審議する部会にて、反対が半数を超えていたのに、委員長に委託して、決議が通るというやり方で法案が成立しました。これは議会制民主主義の崩壊と言っても良いと思います。

なぜなら、国民が選んだ議員の過半数が反対しているのに、一部の人が決めて通しているわけですから。

おまけに、エマニュエル駐日大使によるＬＧＢＴ法案成立への強い圧力があったことを、有村治子参議院議員が指摘しています。

クルド人問題も同じです。明らかに、川口市の治安が乱れ、日本人の身に危険が及び、自警団までつくる事態になっているのに、川口市長は、クルド人擁護の姿勢を崩しません。

前記のように、ＬＧＢＴにしても、外国人労働者の受け入れにしても、世界で先行的に実践し、失敗して、修正している動きにもかかわらず、なぜか日本の政治家は推進している。

挙句の果てに、違った見方で、根拠を持って適切に意見を述べているにもかかわらず、否定したり、強引に押し通す。そこに、令和4年（２０２２年）の安倍晋三元首相の死から、明らかに政権与党の自民党が、無機質になり、おかしくなってきている。

どう考えても、世の中、特に日本が目に見える形でおかしくなっている。そんなときに、２０２２年１２月に、夢志教師塾・草莽の本氣塾の同志と一緒に、山口県萩市や下関の功山寺に行って学ぶ、「日本改新の志士決起会」を開催しました。

この明らかにおかしくなっている日本の状況に対して、同じような危機を乗り越えた、吉田松陰先生や高杉晋作をはじめとした、幕末の志士のゆかりの地に行き、「自分がどうあるべきで、どうアクションを起こせばいいかを掴みたい」との想いでした。

松下村塾をはじめ、多くのゆかりの地をまわりました。やはり僕の心を打ったのは、記念館に展示されていた吉田松陰先生の「留魂録《りゅうこんろく》」です。「留魂録」とは、吉田松陰先生が安政の大獄の時に幽閉されていた檻で書かれました。そこには次記の２つが、書かれていました。

「身はたとひ武蔵の野辺に朽ちぬとも留め置かまし大和魂」
「至誠にして動かざる者、いまだ是れあらざるなり」

この２つの文言を見た時に、松陰先生の身になって考えました。日本を護るために、真剣に活きてきたのに、牢獄に入り、罪人として扱われている。それでも、恨み・辛みの言葉も残さず、投げやりになるどころか、なお誠実に活きるなんて、尊くて、美しく、素晴らしい活き方なんだ。今まで松陰先生関連の本はたくさん読んでみましたが、実際に、松陰先生が書かれた文字をみることで、想いを馳せることができました。

感激でもあり、哀しくもありで、涙がつーっと、僕の頬を伝っていくことを感じました。

そして、高杉晋作が藩政府に対して、戦いを挑む決意を固め、決起した場所が、下関にある功山寺です。伊藤博文をはじめ集まった８３名の同志が集まり、高杉晋作は次のように述べます。

「これより、長州男児の肝っ玉をお目にかけ申す」

この83名が、藩政府約２０００の敵に打ち勝ち、藩の実権を握れたことで、薩長同盟も結ぶことができ、明治維新に繋がります。その場所では、小出先生をはじめ、同志がこの決起会で得た氣づさや、これからの決意を高杉晋作のように、宣言します。

僕も以下のように、決起しました。

**「日本改新の志士星の肝っ玉！お目にかけ申す！」**

高杉晋作と同化して、志士へと深化したい！との想いで宣言しました。そして最期に、同志それぞれが辞世の句をつくります。僕も以下のようにつくりました。

**「志士となり、何度死すとも、諦めず、至誠貫き、日本改新」**

この決起会を通じて、志士のゆかりの地をまわり、感じたことをそのまま表現しました。仮に何が起きても、最善を尽くし、絶対に、自然豊かで・美しく・みんなが自信と誇りを持って活きていける素敵な日本を未来に繋いでみせる。

たとえ、**星陽介の人生で実現できなくても、何度でも蘇り、どれだけ長くかかっても、必ず実現してやる！**

最後に同志とともに決起！

この決意を持って、同志と一緒に手を合わせ決起します。「日本改新決起する！　おおー！」そして、同志と熱い抱擁を交わし、山口県をあとにしました。

年が明けて令和５年（２０２３年）１月４日に人生を大きく変える出来事がありました。当時栃木県にいて、キャリア教育の講演家として活動していました。そして、令和４年（２０２２年）の10月に「参政党」という政党の勉強会に参加しました。もともと僕は、神谷さんが立ち上げた参政党の存在は知っており、４月から入党はしていましたが、自分の事業を進めることを優先していたため、活動はしていませんでした。

しかし、明らかに日本がおかしくなっている中で、「何か政治へのアプローチをしていかなくてはいけない！」そう考えた時に、「国民の政治参加」を目的に活動している参政党は、僕の夢・志・大和魂に火をつけるとの想

日本改新の志士の同志と決起

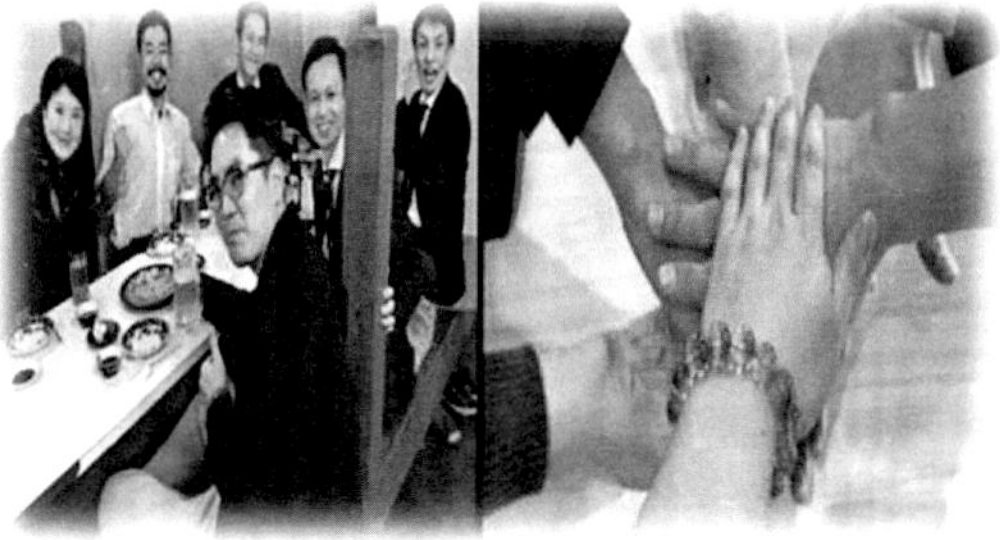

いと合致しており、年明けから活動に参画したい！と思っていたのです。

そして、1月4日の朝に、ご縁を頂いた方にご連絡しました。すぐさまお返事を頂き、なんと、「これから、皆で新年のお参りしにいくんだけど参加しない？」というのです。正直、あと1時間後であり、急に新しいコミュニティーの集まりに参加するのも、とてもハードルが高く感じました。

しかし、「そんな肝っ玉小さいこと言っていいのか？あの決起会は、口だけだったのか」と、心の声が聞こえてきました。「そうじゃない！」と啖呵を切りながら、急いで準備して、神社に向かいます。

お年を召された方から、40～50代の子連れの方、20代の方までいらっしゃり、温かく迎えて下さいました。皆さんの前で、自己紹介して、今の活動や、今後どうしていきたいかまでお話しました。そうしたら、20代の方が話しかけて下さり、意氣統合しました。そして、参拝後に懇親会を経て、帰りに、その20代の方と一緒になりました。

近くの喫茶店に入ることとなり、夕方から閉店時間の約6時間ほど、2人で今までのことや、今後、それぞれ何をするかまで語り合いました。彼は教員として働いていて、4月の地方選へ出馬予定だと語りました。

「僕より年下ですごいなぁ」と感心しながらも、彼のお手伝いをして、政治活動の経験を積みたいと思っていました。

のんきに構えていた僕へ彼が掛けてくれた言葉が、「星さん、今年出た方がいいです。星さんは、早く政治の世界に行くべき人です！」でした。ぽかんとしてしまいましたが、決起会でスイッチが入っています。

彼と、がっつり握手して別れてから、すぐさま、ご紹介頂いた責任者の方に連絡します。

**星：僕も出馬したいと考えているのですが、栃木で出るか、地元多賀城で出るか迷っております。**

**責任者の方：栃木と地元のどちらを愛せますか？　それが一番大事です。この市民のために、地域のために、本氣で役に立ちたいと思えないと続かないよ。**

正にその通りだと思いました。僕は父親が幹部自衛官であったため、転勤してきました。宮城県で生まれ、静岡に行き、長野に行き、宮城県の多賀城市に、小学校４年生で戻ってきて、その後、自衛隊に入隊するまで住んでいました。

入隊後は福岡、北海道、静岡、神奈川など、転々として、退職した後も、東京・栃木と、地元にいた期間は少ないのです。おまけに今の學校教育では、地元についての教育があまりなされていません。確かに、ピクニックとか博物館とか言った記憶はありますが、「ただ行っただけ」という感じでした。

恥ずかしながら、32歳の時にはじめて、地元多賀城市について勉強しました。そうしたら、多賀城とは、「賀び多き城」（よろこび、おおき、しろ）という想いで、名付けられた街であることがわかりました。

また、養老８年（７２４年）に当時の朝廷が東北一帯を治めるために建てた、経済・文化・軍事の中心地であることがわかりました。そして、令和６年（２０２４年）で１３００年目を迎える、歴史ある街であること。

多賀城碑という国宝に指定されている碑があります。そこに行ってみると、１３００年前に彫られた碑が目の前にある。しかも、原形をしっかりとどめて、今も立派に建っている。**雨風にも負けず、獣にも、人にも壊されることなく、守られてきたもの**がここにある。山口の決起会のように、１３００年間守られてきた碑に想いを馳

国宝の多賀城碑

せると、湧いてきた感情は、「感謝」と「尊さへの尊敬の念」でした。

１３００年の間、碑を護り、多賀城を護り、日本を護ってきてくださった先人の方々、碑の囲いを一生懸命作って下さった方々を想像すると、涙が出そうになります。こんな、**感謝の心や尊敬の念を抱かせてくれる多賀城は、なんて素敵な町なんだろう**と心の底から実感しました。

市民の方々のお役に立ち、この街をもっと素敵な街にして、日本に広めたい！ そうすれば、今の日本人が失ってしまった、「感謝の心」を持てるようになり、夢・志・大和魂に火をつけることにも繋げられるのではないか。

そう考えて、「多賀城で出馬したい！」、国民一人一人の政治参加を通じて、独立自尊の日本・大調和の世の実現を理念に掲げる「参政党から出馬したい！」と決心しました。

そうと決まれば、すぐ責任者の方や栃木の党員の方々にご連絡して、引っ越し準備です。栃木の皆さまは本当に喜んでくださりましたし、寂しいから複雑だと仰って下さいました。

しかし、両親は大反対です。当たり前です。なぜなら、迷惑をかけたられたばかりで、「今度は出馬？ いいかげんにしろ！」と言いたくなるでしょう。しかし、僕もスイッチが入り、魂に火が点いていますから、譲りません。一旦宮城に帰り、話し合うことになりました。僕は場合によっては、縁を切られる可能性があると考えていました。仮にそうなったら、バイトしながら、政治活動しなくてはいけないなと考えながら、宮城に帰ってきました。そして、数時間にわたって話し合った結果、両親にも思うところがあったようで、「きちんと話を聞いてこなかったね、積極的に手伝いはできないけど、応援はできる」と言ってくれました。

見方を変えれば、僕が子供のように駄々をこねただけだと思う方もいらっしゃるでしょう。しかし、不思議なことに、そのおかげで僕も両親に対し、素直になれるようになりました。感謝の想いや悪いところはしっかり謝る。すごく当たり前のことですが、迷惑かけるまでできなかったことでした。

僕なりに、当選するために全力を尽くしました。しかし、1月に決意して、2月に党本部から公認を頂き、3月に宮城に帰ってきて、宮城の党員の方々と一緒に政治活動をする。党員の方々と一緒に協力して、選挙を戦う。議員と一緒に党員も勉強して政策をつくる。党員が主体となって、組織を運営する。

これが政治に参加する党と書いて、「参政党」です。しかし、お互いが、お互いを知らない状態から、いきなり二人三脚で政治活動していく中で、様々な誤解が生まれたり、疑問が出てきます。本来であれば、そういったものは一緒に活動する中で培ってきた信頼関係により、克服していくものですが、僕はもともと栃木にいて、宮城の党員の方々と活動しておらず、信頼関係がつくれていませんでした。

どんどん、お互いの心が離れていっていることはわかっていました。最終的には選挙2か月前に、今回の出馬を見送ることに決めました。身から出た錆であり、覚悟がまだまだ弱かったことも踏まえて、未熟でした。

公認を頂いた時の著者

「今までの活動は何だったんだろう…」「こうならないために、自分は活動してきたんじゃないのか?」「自分は一体何なんだ…」本当に辛くて、辛くて、何もする意欲がなくなり、家に引きこもってしまいました。

そして、悪いことは重なるもので、政治活動に専念していたはずみから、講演の方も、教師塾も本氣塾もうまくいかなくなり、どうしようもない状態でした。心ここにあらずの状態で、夜の運送業の仕事を、もくもくとこなす日々でした。そんなときに、ある方からお誘いを頂いたのは、県議会議員の方の選挙を、立ち上げから、最後まで手伝って欲しいとのことでした。正直、少し迷いました。氣持ちに整理がついてないし、やっと各種活動も持ち直してきたところでした。しかし、心の中で、ある言葉が心の中でこだまします。

「日本改新の志士星の肝っ玉！お目にかけ申す！」

「志士となり、何度死すとも、諦めず、至誠貫き、日本改新」

これも天からの贈り物かもしれない。今の時点で何か突破口があるわけでもない。やってみよう！

約2か月間、全力を尽くして、政治活動～選挙活動まで戦い抜きました。素人ながら、ご迷惑おかけしたことばかりでしたが、僕の中では貴重な学びや氣づきに溢れた素晴らしい時間でした。

まず、自分の中に「この方を、トップ当選させることが、必ず日本を変える！」と、熱い想いが湧き上がっていたことです。もちろん、その議員の方が、圧倒的な知見や愛国心を持たれていて、かつ、日々本氣で活きている方だからこそ、「絶対に担ぎ上げたい！」と思えたこともあります。

選挙活動していた時の著者

昔の「生まれ変わっても自衛官になりたい！」と語って下さった、自衛官の上司と重なりました。しかし、僕の中で確かに、**「このままの日本じゃダメだ！絶対に変えるんだ！そのために今できることはこの方を、トップ当選させることなんだ！」**という熱い心が、「僕の中にあるんだ！」と実感できたことがとても誇らしく、嬉しかったです。その証拠に、当選発表の時に、残念ながらトップ当選ではないことがわかった時に、僕の顔が怒りに溢れていたそうです。もちろん、狙っていたのはトップ当選であったので、笑っていなかったことは確かですが、「そんな顔していたかな（笑）」という感じでした。しかし、あとから議員の方から、そのことをお聞きし、「とても嬉しかった」と言って頂けたときは、僕も本当に嬉しかったです。

そして、その議員の方が続けてこういわれました。

**「本当に国民に政治参加させるほど意識を変えたいなら、君が政治家になり、圧倒的な成果を出すことだね。そうすれば、君は信頼されて、自然とみんな政治に参加するんだよ。今みんなが政治に参加しないのは、議員がみんなに伝わるくらいの成果を出してないからじゃないかな」**

その瞬間に、ストンと腑に落ちました。今までの僕の甘さ・課題・取り組むべきことが、霧が晴れ、太陽がその場に出てきたかのように、きらきらと明確になりました

そして、今年の総括と、来年に向けた詩を、「八雲の道」という現役教員の伊藤優先生が運営されている、詩をつくる勉強会に参加させて頂いた際に、参加者の皆さまと一緒につくりました。

**政　栓無きことと　弱さ染み　天地畏み　志士を貫く**

（まつりごと　せんなきことと　弱さ染み　あまつちかしこみ　ししをつらぬく）

（政治に挑戦し、どうしようもないことから、自分の弱さの克服と真剣に向き合い、天地と繋がることで、弱さを克服し、本物の志士へと深化した1年だった）

**栓無きこと　感謝報恩　脩己なり　万燈を照らす　一陽になる**

（せんなきこと　かんしゃほうおん　しゅうこなり　ばんとうをてらす　いちようになる）

（昨年の経験に感謝し、報いるために、自分を磨く。そして、多くの人の心に火をつけられる、太陽になる）

この詩でしっかり整理をつけられた僕は、講演活動、夢志教師塾、草莽の本氣塾の活動で、若者・教育者・ビジネスマンの夢・志・大和魂に火をつけて、命を最大限に輝かせる夢中人を増やすとともに、参政党にて、国民

の政治参加を促し、街宣活動や政策調査、陳情活動を行っています。特に僕が力を入れているのは、自己肯定感や主体性が高まる歴史教科書採択を促す活動です。

今の学校の歴史教科書では、自虐史観の偏った見方しかできず、自分も地域も国にも無関心になり、感謝の心を持つこともできず、幸せになれません。

感謝の心や自信と誇りを持って活きる日本人が増えれば、どんなに時間がかかっても、必ず日本は良くなります。

陳情書の提出や街頭演説する著者

だからこそ僕は、３年後の出馬を見据え、本氣で学び・成長・幸動し続けて、同志や地元の方々と信頼関係を構築しながら、より良い未来を繋ぐ活動していきます。ここまで、**何度も何度も折れそうになりながらも、立ち上がり、前に進めているのは、「同志」がいたからこそ**です。知り合いでもなく、友達でもなく、「同志」なのです。

僕の同志は、それぞれ、教育・民間・政治と、フィールドや手段は違えど、大事にしている価値観や目指しているゴールは同じなのです。

それが、**「先人から培ってきた歴史・文化・伝統の上に、今あるものを足して、新しい日本を未来に向かって築いていくこと」**＝「日本改新《にっぽんかいしん》」です。

こういった大事にしている価値観やゴールを共有している同志だからこそ、一緒にその志の実現に向かって幸動してくれます。そして、**本当に辛くて困って、どうしようもなくなったときに、本氣で叱咤激励して下さり、自分にとって本当に必要な言葉をかけてくれます。**

それはまるで、神さまがその同志を介して、言ってくれているかのようです。

だからこそ、僕は同志から言われたことは、素直に受け入れて、幸動していきました。

その結果、今まで様々な苦しいことがあっても、**最終的には必要であったし、あってよかったなと、過去も今の自分も全肯定でき、未来に対し、ワクワクすることができています。**

さらに同志は生死や時代を超えます。なぜなら、夢とは違い、**「志」は受け継がれるもの**だからです。

「日本を護りたい」という志は、１６０年前の松陰先生をはじめとした、幕末の志士はみんな志していました。そして１６０年後の僕も、その志士の活き様に感化されて、同じ志を持って活きています。

つまり**僕も松陰先生も、もっと言えば、日本を建国された神武天皇も同志**と言えるのです。そう考えると、夢・志・大和魂に活きることは、本当に尊く素敵なことだと思いませんか。しかし、その分、たくさんの試練が訪れます。なぜなら、**その試練があるからこそ、尊く素敵な活き方になる**からです、

その試練に負けず、幸動し続けるためには、「ぶれない人生軸」が必要です。結果ではなく、活き方そのもの自体（プロセス）に価値を見出すことが必要です。繋げて・見える化を図り、楽しく幸動し続けるための仕組み化も必要です。そして、大事にしている価値観やゴールを共有し、叱咤激励をくれる「同志」が不可欠です。

さらに、この４つは循環するのです。

「ぶれない人生軸」があるからこそ、結果ではなく、活き方自体そのものに価値を見出せるし、楽しく幸動し続ける仕組化も蓄積改善し続けられる。だからこそ、同志が集い、一緒に幸動し続けてくれて、チャンスもくれて、叱咤激励で支えてくれる、さらに人生軸がぶれないものになり…という循環です。

何があっても、**夢・志・大和魂に基づく「ぶれない人生軸」があれば絶対に大丈夫**です。なぜなら、僕らは、**何度も立ち上がって世界で一番続いている日本人**だからです。２６８５年続いてきた日本の歴史を信じましょう。

**危機に対し、何があっても立ち上がり、未来を繋いで下さったご先祖様を信じましょう。**そして、**その血を受け継いで今を活きる自分自身を信じましょう。**さらに**未来を活きる子供たちや子孫を信じましょう。**

それでいいのです。なぜなら、それでいいことを、２６８５年続く日本・先人が証明してくださっています。

そう思うと、ワクワク・楽しくなってきませんか？

# 資料

## カコミラ分析ワークシート　1／3

1　たった一度しかない人生を、人として後悔なく生ききるための「軸」を手に入れよう♪

①他の動物ではできない、「人だからこそできること」は何だと思う？②他の動物にはない、「人だからこそ得られる幸せ」は何だと思う？③あなたの「人としてより良く活きる、幸せな生き方」ってなんですか？

2　好きなシーンや憧れてる人から、自分だけの「理想の人生モデル」を作ってみよう(^^♪

①　好きなシーン（１５～２０シーンくらい）自体はメモ帳に書き出して、３つ「共通点」を見つけよう（歴史の出来事・学校の思い出・ドラマや漫画のシーンでも良いよ★）

◆　◆　◆

②　３つの共通点も踏まえて、誰に憧れていて、どんな人になって、どんな人生を送りたいかな？(^^♪（憧れてる人は、歴史の人でも、家族の人でも、漫画のキャラでも良いよ★）

◆共通点を踏まえた
大事にしている価値観

◆憧れてる人（理由も）

◆こんな人みたいになって
こんな人生がいい！

3　本当の素敵な自分を見つけてみよう(^^♪→自分が「何が好き」で、「得意」で、「価値を感じているか？」を明確にしよう♪

①　今まで時間を忘れるくらい、夢中になったこと

②　夢中になれた理由を明確にして、自分の「ワクワクのツボ」を手に入れよう♪

③　自分が一番充実していた時（リア充期）

④　何が得られていたから、充実してたのかな？(^^♪→それが君の幸せの条件になるよ♪

⑤　今まで褒められたことや他の人よりできてることを書いてみよう

⑥　⑤から、自分と多くの人を幸せにする、自分にしかない「強み」を発掘しよう♪

⑦　自分が一番つらかった時

⑧　何を感じたから辛かったのかな？→それが君の「人にしてあげたいこと」になるかも！

⑨　幸せに活きるために大事だと思うこと

⑩　どんな人になって、どんなことして、どんな人生にしたい？

# カコミラ分析ワークシート　2／3

1 【理想の日本】どんな人で溢れている日本になったら素敵だと思いますか？
（どんな人で溢れるクラスに自分がいたいか？を考えてみると分かりやすいかも！）

【理想の日本】

2 【①現状の日本】今の日本はどんな「良いところ」と「悪いところ」があると思いますか？
【②改善アクション】「理想の日本」にするために、何をすることが大事だと思いますか？

①【現状の日本】

②【改善アクション】

3 【理想の世界】どんな人で溢れている世界になったら素敵だと思いますか？
（日本と比較すると、良いとこも悪いとこも、改善点も違うから、分かりやすいかも！）

【理想の世界】

4 【①現状の世界】今の世界はどんな「良いところ」と「悪いところ」があると思いますか？
【②改善アクション】「理想の世界」にするために、何をすることが大事だと思いますか？

①【現状の世界】

②【改善アクション】

5 1～4を踏まえて、
理想の社会を創るために、
自分ができる行動を明確にしよう

【自分の具体的アクション】
例：
①就職（３業界まで絞ろう）
②起業・就職して起業
③公務員
④行動（大学院・留学など）
⑤その他（芸能など）

# カコミラ分析ワークシート３／３

## ①理　想

| | どんな人で溢れている素敵な社会にしたい？ |
|---|---|
| 世　界 | |
| 日　本 | |

## ③理想の自分・実現アクション

| | | |
|---|---|---|
| 理想の自分（夢） | な自分 | |
| になって | | |
| 社会ビジョン（志） | を通じて、 | |
| | な世の中を創る | |
| アクション（理想の自分や社会を創るために、５年後・１年後・１ヵ月後どうしたい？） | | |
| | | |

## ②現　状

| | 今どうなっているんだろう？ | 改善した方が良いこと |
|---|---|---|
| 世　界 | | |
| 日　本 | | |

※番号は取り組む順番

※ＰＤＦ資料はあとがきにあります。

# 【あとがき】

皆さま、ここまで、大変お忙しい中でも、長い間お付き合い頂き、誠にありがとうございました！

ここまでお読みいただき、少しでも、皆さまの、夢・志・大和魂に火をつけて、「やってやるぞ！」と元氣・勇氣・やる氣がみなぎることになっていたら、とても嬉しいです。

本書でお伝えしたいことをまとめると、次記になります。

①危機だからこそ、主人公になって、たった一度しかない人生を最大限に輝かせるチャンス！

②無限の可能性に溢れている「人」として活きる、たった一度しかない人生を後悔なく過ごすために、真剣に自分と向き合うこと。

③日本人として活きる僕らは、本当に恵まれており、世界を平和に導ける無限の可能性に溢れ、自信と誇りをもって堂々と活きていいこと。

④「足るを知る」を自覚し、日本人として活きられる「当たり前の幸せ」に意識を向ける。そして、感謝の数だけ人は幸せに成れるということ。

⑤夢・志・大和魂に基づく「ぶれない人生軸」を持って、同志と一緒に学び・成長・幸動し続けることが、素敵な日本や世界をつくり、大事な人やめなた自身が、成幸できること。

もし、何か辛いことがあって、自分の夢や志が揺らいでしまったときは、次記の言葉を読んだり、自問自答してみてください。『あした死ぬかもよ』（ひすいこたろう著　ディスカヴァー・トゥエンティワン　抜粋）

https://d.kuku.lu/4ypt45f6e

「あなたがお金を払ってでもやりたいことはなんですか？」

「絶対成功するとわかっていたら、何をしますか？」

「何もかも大丈夫だとしたら、何がしたい？」

「限界は自分で決めており、あなたを縛る制限は、あなたの中にある」

「あなたが死ぬ前に後悔しそうなことはなんですか？、それはどんな制限を自分にかけていたからですか？」

「たとえ3日の命でも自分らしさを咲かせたのならば、美しい生き方になります」

「ありのままで湧き上がる本心から生きたとき、たとえ3日の命でも、そこに後悔はない。それが命というものです」

「人生最後の日にどんな氣持ちになっていたら最高ですか？」

「このままの生き方で、それは達成できそうですか？」

「できないとしたら、いつから生き方を改めますか？」


僕は、自分に自信がなくなり、幸動が止まってしまった時に、ご紹介した、ひすいこたろうさんの言葉を自問自答して乗り越え、学び・成長・チャンスに変えることができました。

仮に何度失敗しても、どん底に落ちても、明日に自分が亡くなると決まっていたとしても、**「やり直してはいけない」なんて、誰も決めていません。**

「自分の命尽きる最期まで、何度でも立ち上がり、やり直し、より良く活きる」ことで、最期まで自分を輝かせて、後悔せず人生を全うし、未来に活きる人々を幸せにする素晴らしい存在になれることを、先人が証明してくれています。

## 【あとがき】

これから幕末さながらの、大転換期となり、世の中に無関心でいられず、無関係でいられなくなります。
そして、世の中の課題を「自分事」として捉えて、自分がどの強みを活かして、どんな分野の課題を解決し、自分がどう活きるかが、問われる時代になります。

一見大変そうですが、だからこそ、人として、日本人として活きる僕らが主人公となって、輝ける時代であり、僕は心の底からワクワクしており、感謝の想いで溢れています。

草莽崛起（そうもうくっき）→草の根に隠れている民間の志ある人が奮い立つことで日本が変わる。
朝廷も幕府も藩もいらない。自分の身一つあれば十分である。

吉田松陰先生が遺された言葉であり、**「すべては、志ある自分がはじめる」**という意味が込められています。
**「名もなき僕ら」が日本や世界を変える主人公になれる時代。**
人生は本当に**自分がどう捉えるかで決まりますよね。**ワクワクしませんか？

「あるべき日本が期待できないなら、自分たちであるべき日本をつくる」
僕は、これから、この書籍や動画配信・講演活動等を通じて、「カコミラ分析」により、一人でも多くの方々の夢・志・大和魂に火をつけていきます。

そして、同志を増やして、「松下村塾をモデルとした学び場」をつくり、夢・志・大和魂に火をつけられる理想の教育を実践します。

さらに、出光佐三さんや鮎川義介さんのような、「国益を貫き、日本を護る事業を展開する会社」もつくります。

江戸時代の循環型社会をモデルとし、同志と一緒に、自分たちが考える「理想の日本を体現したコミュニティー・村」もつくります。

参政党等の政治活動を通じて、国民の政治参加を促すとともに、自らも政治家となって、夢・志・大和魂に火をつける教育・国益を貫く民間事業を実現する環境をつくる「国益を貫く政治」を実践し、誇り高く・強く・美しく楽しい日本をつくります。

教育・民間・政治の各分野での活動を通じて、夢・志・大和魂を持って、命を最大限に輝かせる日本人を増やしながら、国益を貫く民間事業・政治を実践することで、日本の危機を乗り越えられることは、幕末と戦後の日本の歴史により、証明されています。

新しい時代を迎えるにあたり、世の中に目を向けて、「自分の強みを最大限に活かし、人を幸せにしながら、より良い日本や世界を未来に繋ぐことを通じて、人生を輝かせたい」という方々が増えていきます。

その時こそ、正に「カコミラ分析」の要素が求められるのです。

新時代の「草莽崛起の受け皿」になれる星陽介で在るとともに、草莽崛起の受け皿となる学び場やコミュニティーをつくり、一緒に世の中と人生を最大限に輝かせていきたいと考えています。

しかし、僕一人では実現できないので、本書をお読みになり、少しでも共感頂ける方がいらっしゃいましたら、同志として、一緒に学び・成長・幸動させて頂けますと、とても嬉しいです。

夢・志・大和魂に火をつけて、同志と一緒に、より良い日本や世界を未来に繋ぐために、本氣で学び・成長・

【あとがき】

幸動し続ける人生を過ごせており、「たった一度しかない人生をここに懸けたい！」と心の底から納得できる、本当に価値のある活き方ができていると実感しています。

そう思えるような星陽介として活きていられるのも、僕を産んで育て、支えて下さった家族、一緒に夢や志に活きて、叱咤激励を下さる同志の方々、僕に関わったすべての方々、そして今まで、日本を繋いでくださったご先祖様のおかげであり、改めて感謝申し上げます。本当にありがとうございます。

この繋いでくださった「命」を最大限に輝かせるとともに、より良い日本や世界を未来に繋ぐために、「夢・志・大和魂の草莽崛起による日本改新の道」を極めていきます。

最後に、僕の夢・志をお伝えして、筆をおかせて頂きます。このような、志や信念を形にして、人生を変える機会を頂けた、釣部さまをはじめとした、万代宝書房様に感謝御礼申し上げます。誠にありがとうございました。

【夢】「狂愚至誠を貫く日本改新の志士」になって、【志】「夢・志・大和魂に火をつけて「ぶれない人生軸」をつくるカコミラ分析、夢や志を持てる教育をつくる「夢志教師塾」、夢や志を持って、三方よしを実践する日本人・企業を増やし、日本改新を体現する「草莽の本氣塾」、国益を貫く「政治活動」を通じて、誇り高く・強く・美しく楽しい日本をつくり、共存共栄の和の世の中に導く」

２０２５年３月吉日

日本改新の志士　星陽介

## 【参考図書一覧】


『大和魂に火をつけよう』　神谷宗幣　青林堂
『鬼滅の刃』　吾峠呼世晴　集英社
『暗殺教室』　松井優征　集英社
『修身教授録』　森信三　致知出版社
『ねずさんの昔も今もすごいぞ日本人』第一巻　小名木善行　彩雲出版
『ねずさんの昔も今もすごいぞ日本人』第二巻　小名木善行　彩雲出版
『ねずさんの昔も今もすごいぞ日本人』第三巻　小名木善行　彩雲出版
『留魂録』　松浦光修　PHP研究所
『[新釈]講孟余話　吉田松陰、かく語りき』　吉田松陰　編著　松浦光修　ＰＨＰ研究所
『奇跡の言葉』　ひすいこたろう　SB Creative
『今日、誰のために生きる？――アフリカの小さな村が教えてくれた幸せがずっと続く30の物語』　ひすいこたろう　SHOGEN　廣済堂出版
『人生最後の碑にガッツポーズして死ねるたったひとつの生き方』　ひすいこたろう　A-Works
『あした死ぬかもよ？』　ひすいこたろう　ディスカヴァー・トゥエンティワン
『美しき日本人たち』　小名木善行　ふわこういちろう　かざひの文庫
『吉田松陰一日一言』　川口雅昭　致知出版社
『絆徳経営のすゝめ』　清水康一郎　Fフローラル出版
『希望ある日本の再生』　小名木善行　青林堂

『13歳からのくにまもり』　倉山満　扶桑社
『シン鎖国論』　山岡鉄秀　方丈社
『近世日本は超大国だった 強く美しい日本の再生復活を阻む「三つの壁」』　草間洋一　ハート出版
『成功に価値はない！』　執行草舟　ビジネス社
『吉田松陰』　池田諭　大和書房
『子供たちに伝えたい本当の日本』　神谷宗幣　青林堂
『先生、教えて！ 勉強ぎらいなボクが親も学校もきらいなワタシが 思う50のギモン』片川儀治　万代宝書房
『吉田松陰流教育』　小出潤　万代宝書房
『授業づくりＪＡＰＡＮの日本が好きになる　歴史全授業』　斎藤武夫　授業づくりＪＡＰＡＮさいたま

【プロフィール】星 陽介

平成２年　宮城県多賀城市生まれ。
平成２５年　陸上自衛隊一般幹部候補生入隊
平成３０年　陸上自衛隊退職
平成３１年～現在まで、営業職・アルバイト経験・企業研修講師補佐などを経て、「夢中人をつくる」講演家（キャリア教育講演）、「夢志教師塾」塾長（夢や志を持てる教育者の学び場）、「草莽の本氣塾」塾長（夢や志を持てるビジネスマンの学び場）、「参政党宮城党員」として活動。
夢・志・大和魂に火をつけて、命を最大限に輝かせる同志とともに、草莽崛起を起こし、誇り高く・強く・美しく楽しい日本を未来に繋ぐために熱血活動中！

「元幹部自衛官の熱血講演家が明かす、
〝ぶれない人生軸〟がつくれる『カコミラ分析』」

2025年3月27日 第1刷発行
著　者　星 陽介
発行者　釣部 人裕
発行所 万代宝書房
〒176-0002 東京都練馬区桜台 1-6-9-102
電話 080-3916-9383　FAX 03-6883-0791
ホームページ：https://bandaihoshobo.com
メール：info@bandaihoshobo.com
印刷・製本　日藤印刷株式会社

ISBN 978-4-910064-99 -4 C0036

装丁　小林 由香